世界五千年
科技故事丛书

卢嘉锡题

世界五千年科技故事丛书

魂系中华赤子心

钱学森的故事

丛书主编　管成学　赵骥民

编著　邹彦群

吉林出版集团 | 吉林科学技术出版社

图书在版编目（CIP）数据

魂系中华赤子心 ：钱学森的故事 / 管成学，赵骥民主编.
-- 长春：吉林科学技术出版社，2012.8（2022.1 重印）
ISBN 978-7-5384-6193-0

Ⅰ.① 魂… Ⅱ.① 管… ② 赵… Ⅲ.① 钱学森（1911～2009）
一生平事迹 Ⅳ.① K826.16

中国版本图书馆CIP数据核字（2012）第186578号

魂系中华赤子心：钱学森的故事

主　　编	管成学　赵骥民	
出 版 人	宛　霞	
选题策划	张瑛琳	
责任编辑	朱　萌	
封面设计	新华智品	
制　　版	长春美印图文设计有限公司	
开　　本	640mm×960mm　1 / 16	
字　　数	100千字	
印　　张	7.5	
版　　次	2012年10月第1版	
印　　次	2022年1月第5次印刷	

出　　版　吉林出版集团
　　　　　吉林科学技术出版社
发　　行　吉林科学技术出版社
地　　址　长春市净月区福祉大路 5788 号
邮　　编　130118
发行部电话 / 传真　0431-81629529　81629530　81629531
　　　　　　　　　　81629532　81629533　81629534

储运部电话　0431-86059116
编辑部电话　0431-81629518
网　　址　www.jlstp.net
印　　刷　北京一鑫印务有限责任公司

书　　号　ISBN 978-7-5384-6193-0
定　　价　33.00元
如有印装质量问题可寄出版社调换

序 言

十一届全国人大副委员长、中国科学院前院长、两院院士

路甬祥

放眼21世纪，科学技术将以无法想象的速度迅猛发展，知识经济将全面崛起，国际竞争与合作将出现前所未有的激烈和广泛局面。在严峻的挑战面前，中华民族靠什么屹立于世界民族之林？靠人才，靠德、智、体、能、美全面发展的一代新人。今天的中小学生届时将要肩负起民族强盛的历史使命。为此，我们的知识界、出版界都应责无旁贷地多为他们提供丰富的精神养料。现在，一套大型的向广大青少年传播世界科学技术史知识的科普读物《世

界五千年科技故事丛书》出版面世了。

由中国科学院自然科学研究所、清华大学科技史暨古文献研究所、中国中医研究院医史文献研究所和温州师范学院、吉林省科普作家协会的同志们共同撰写的这套丛书，以世界五千年科学技术史为经，以各时代杰出的科技精英的科技创新活动作纬，勾画了世界科技发展的生动图景。作者着力于科学性与可读性相结合，思想性与趣味性相结合，历史性与时代性相结合，通过故事来讲述科学发现的真实历史条件和科学工作的艰苦性。本书中介绍了科学家们独立思考、敢于怀疑、勇于创新、百折不挠、求真务实的科学精神和他们在工作生活中宝贵的协作、友爱、宽容的人文精神。使青少年读者从科学家的故事中感受科学大师们的智慧、科学的思维方法和实验方法，受到有益的思想启迪。从有关人类重大科技活动的故事中，引起对人类社会发展重大问题的密切关注，全面地理解科学，树立正确的科学观，在知识经济时代理智地对待科学、对待社会、对待人生。阅读这套丛书是对课本的很好补充，是进行素质教育的理想读物。

读史使人明智。在历史的长河中，中华民族曾经创造了灿烂的科技文明，明代以前我国的科技一直处于世界领先地位，涌现出张衡、张仲景、祖冲之、僧一行、沈括、郭守敬、李时珍、徐光启、宋应星这样一批具有世界影响的科学家，而在近现代，中国具有世界级影响的科学家并不多，与我们这个有着13亿人口的泱泱大国并不相称，与世界先进科技水平相比较，在总体上我国的科技水平还存在着较大差距。当今世界各国都把科学技术视为推动社会发展的巨大动力，把培养科技创新人才当做提高创新能力的战略方针。我国也不失时机地确立了科技兴国战略，确立了全面实施素质教育，提高全民素质，培养适应21世纪需要的创新人才的战略决策。党的十六大又提出要形成全民学习、终身学习的学习型社会，形成比较完善的科技和文化创新体系。要全面建设小康社会，加快推进社会主义现代化建设，我们需要一代具有创新精神的人才，需要更多更伟大的科学家和工程技术人才。我真诚地希望这套丛书能激发青少年爱祖国、爱科学的热情，树立起献身科技事业的信念，努力拼搏，勇攀高峰，争当新世纪的优秀科技创新人才。

目　录

目　录

斯人已逝　音容宛在

　　2009年11月6日，北京八宝山公墓礼堂庄严肃穆、哀乐低回，礼堂正上方悬挂黑底白字的"沉痛悼念钱学森同志"横额，下面是钱学森遗照，遗照的正下方摆放着两个花圈，分别书有"爸爸，您永远活在我们心中"和"爷爷我们永远想念您"字样。遗体的前方摆放着钱学森夫人蒋英的花圈，挽联上写"学森安心走好"。钱学森遗体身穿黑色中山装，安卧在鲜花翠柏丛中。

　　上午9时，胡锦涛、江泽民、吴邦国、温家宝、贾庆林、李长春、习近平、李克强、贺国强、周永康、王刚、王岐山、回良玉、刘淇、刘延东、李源潮、张德江、郭伯雄、朱镕基、李瑞环、宋平、尉健行、李岚清、曾庆红、令计划、陈至立、李建国、陈昌智、梁光烈、廖晖、杜青林、白立忱、陈奎元、黄孟复、张梅颖、张榕明、钱运录、李金华、郑万通、万钢、罗富和、杨白冰、田纪云、迟浩田、张万年、吴仪、曹刚川、曾培炎、邹家华、布赫、彭云、李铁映、许嘉璐、蒋正华、顾秀莲、热地、肖扬、贾春旺、杨汝岱、宋健、钱正英、孙孚凌、王忠禹、李贵鲜、罗豪才、郝建秀、徐匡迪、李蒙，中央军委委员陈炳德、李继耐、廖锡龙、常万全、靖志远，以及傅全有、于永波、王瑞林等，在哀乐声中缓步来到钱学森同志的遗体前肃立默哀，向钱学森同志的遗体三鞠躬，并与亲属一一握手，表示慰问。

有一种人格可以激励一生——各界人士深情送别钱学森

　　轻雾弥漫，阳光微露。八宝山革命公墓前，鬓发苍苍的老者郭益民手捧9朵菊花，伫立在清冷的风中。

　　中国航天之父、著名科学家钱学森遗体告别仪式于6日上午举行，虽然素昧平生，这位来自解放军第二炮兵的老人特意在早上6点多赶来送钱老最后一程。他说，"9代表长久。我以9朵菊花悼念在98岁高龄去世的钱老，祝愿钱老在九天幸福快乐。"

　　7点刚过，赶来为钱老送行的人越来越多，有人手捧鲜花，有人手捧照片，64岁的钱永贤拉着一只行李箱，风尘仆仆地赶来。钱永贤是钱老的堂侄，他昨天从杭州坐上火车，早上5点多抵京后就直奔这里。

灵堂内，黑幛轻垂，哀乐低回。黑底白字的"沉痛悼念钱学森同志"的横幅下，钱学森静静躺在层层鲜花翠柏丛中，身上覆盖着鲜艳的党旗。

火箭研究专家、曾担任钱老助手的刘均涛至今仍清楚地记得："钱老对工作严谨、对同事随和，总是强调要对人民负责、对科学负责。他的思维方法和科研方式到现在都对我的工作有着指导意义。钱老走了，我们会继承他未完成的事业。"

加拿大华侨秦伟专程回国送别钱老："钱老学术报国的崇高情怀一直在激励着广大海外学子。"

一种人格可以激励人的一生，一次见面也可以叫人铭记一生。

71岁的华泽顺曾与钱学森有过一面之缘，也早早地从位于通州区的家赶来送别钱老。1961年的一天，正在工厂工作的华泽顺被一位长者问及年龄和工作，华泽顺一一回答，但因当时手脏并未与他握手。后来厂长告诉他，那是钱学森。

没能与钱学森握手成为这位老人一生的憾事。"两弹一星获殊勋，彪炳千古留后人。"在送别的日子，华泽顺只想把自己写的一首小诗，献给他一生景仰的钱老。

送别不仅是为了缅怀，更是为了未来。上海交通大学学生联合会主席吴莹作为钱学森母校的学生代表来到北京。"为了怀念钱学长，我们学子自发聚集在校园的学森路上，在树上系满了遥寄我们思念的黄丝带。"

"林花谢了春红，太匆匆，那就把他最灿烂最动人的身姿养在心中。"吴莹诵读着同学写的小诗，表达着莘莘学子对学长的无比敬意。"学长已去，但他的学术精神却永驻心间。"

年轻学子静默凝思、白发老人拄杖而立。灵堂外的人们排起了长队，曲折蜿蜒，一眼望不到头……

乡亲们来了："钱老，家乡人民永远怀念您"的条幅下站着数十名故乡人；校友们来了："沉痛哀悼钱学森学长——北师大附中"的条幅上密密麻麻写满了数百个学生的签名；同事们来了："沉痛悼念敬爱的老院长钱学森同志——中国运载火箭技术研究院"；航天事业的接班人来了："缅怀钱老、继承遗志、科技强军、航天报国""继承钱老遗志、再谱航天华章"，铮铮誓言让人动容。

"我们怀着悲痛崇敬的心情来为钱老送别。"中国航天科技集团公司科技委主任、工程院院士王礼恒说，"钱老是航天科技委员会第一任主任，我们一定会秉承他的遗志，继承他的作风，尽力推动航天事业的发展。"

先人已去，后代可期。

西安交通大学钱学森实验班自开设以来，今年已招生三届。

"我们的班级以钱老命名，受到比其他学生更多的瞩目，有压力，更有动力。"从西安赶来的实验班07级学生魏笠说，"全班的同学都希望我们作为代表跟钱老说，请您放心，我们一定努力。"

薄雾渐渐消散，阳光初绽。送行的人越聚越多……

我国航天事业的奠基人，中国科学院、中国工程院资深院士，被誉为"中国航天之父"和"火箭之王"的我国著名科学家钱学森同志，因病于2009年10月31日8时6分在北京逝世，享年98岁。

党和国家领导人
曾多次登门看望

1955年9月在毛泽东周恩来等老一辈革命家的关怀下，钱学森冲破重重阻力离开美国回国。

党和国家领导人胡锦涛、温家宝十分关心为中国科技事业作出杰出贡献的钱学森，曾多次登门看望。

2008年1月19日，在新春佳节即将到来之际，中共中央总书记、国家主席、中央军委主席胡锦涛来到钱学森家中，亲切看望这位为中国科技事业作出杰出贡献的著名科学家，代表党中央向他表示衷心的祝福。

　　中共中央政治局常委、国务院总理温家宝近年来曾四次看望钱学森。2009年8月6日，在新中国成立60周年之际，温家宝冒着细雨，专程登门看望钱学森，向他致以亲切问候和良好祝愿。对这位"国家杰出贡献科学家"，温家宝始终心存敬意。

　　1995年、1996年和1999年江泽民曾先后三次到钱学森家中看望他。

少年时代

　　杭州素有人间天堂之称。年年岁岁，西子湖畔莺歌燕舞、绿柳成荫。湖中，游船荡漾，乐声萦绕，柔婉如梦；夜深时，星光下三潭印月，静若禅心。

　　杭州城里有一处宽敞明亮的大院，主人姓钱。钱家是个大户人家，世代以经营丝绸为业，经常接济穷人，广做善事，邻里间无不敬重。钱均夫少年时就读于维新的杭州求是书院，读书相当刻苦，而且为人谦和守礼，尊长爱幼，颇有君子之风，乡邻们有口皆碑。

　　后来，他秉承父命漂洋过海，赴东瀛学习教育、地理、历史，希望借鉴异邦学说振兴本国教育大业。物换星移，钱均夫学成归国。正值家道中落，一家人只好守着一点儿薄产勉强维持生活。钱均夫立志要摆脱父亲经商失败的阴影，走出金钱圈定的人生轨道，决心凭借自己的才学成就一番事业。

杭州城一位姓章的富商非常欣赏钱均夫的才华和志向，主动把女儿兰娟许配给他。婚后，夫妻二人情投意合，相敬如宾。当时哪有人会想到，这一桩好姻缘为后来的新中国造就了一位彪炳史册的大科学家。

1911年冬，推翻帝制的武昌起义的枪声震撼了大江南北，这一年的12月11日，钱均夫夫妇唯一的儿子诞生在黄浦江畔一所整洁的房子里。父亲为爱子取名学森。

钱学森3岁那年，钱均夫受聘到北京教育部工作。父亲因为工作繁忙，又希望孩子早点儿接受启蒙教育，就把儿子送进了幼儿园。钱学森和小朋友们相处得十分友好，他的聪明机智也经常的得到老师的夸奖。

时光如流水，一转眼又过去了3年的时间。6岁的钱学森长得眉清目秀。钱均夫常常抚摸着儿子宽大的脑门儿，鼓励他勤奋读书，积极思考。钱学森喜欢和父亲待在一起，只要有时间，就缠着父亲要他讲故事给自己听。

尘封的史册在钱均夫低沉的叙述中，一页页缓缓打开：古老文明如璀璨的星河；精忠报国的事迹，诸强逐鹿，铁马金戈……其中该有多少可歌可泣的故事啊！

钱学森仰起笑脸注视着神情激动的父亲，明亮的大眼睛里，闪烁着聪慧的光辉。听到忠良遇害、国家受辱，他的脸上常挂满晶莹的泪花；父亲紧握着儿子的小手，从历史画卷中走出来，面对内忧外患的沉痛现实，不由得长长地叹了开口气。

"爸爸，为什么发愁呀？"

"孩子，现在和你说，你也不能完全明白，爸爸只希望你能好好读书，我们的国家实在太落后了。"

钱学森似懂非懂地点了点头。慷慨悲壮、跌宕起伏的历史故事连同父亲殷切的期望一起深深地刻进了他幼小的心灵。

这一年，钱学森走进北京第二实验小学，开始了他的小学生活。老师的讲授给他带来了很多乐趣。尽管学的知识非常的简单，父亲已大部分都教给他了，但是每一节课，钱学森仍全神贯注地听讲。放学回来，他总是先完成当天的作业，然后，在父亲的指导下，阅读各种书籍。

后来，钱学森转入北京师大附小读书，他对数学、地理这类自然科学知识有着浓厚的兴趣。父亲希望儿子能有独立个性，从不强迫他放弃个人爱好，也不要求他完全接受自己的观点。在父亲细心、宽厚的爱护中，钱学森走过了自己无忧无虑的童年，一天天成长起来。

小学毕业后，钱学森进入北京师大附中学习，那时的附中虽然地处北京边缘，但集中了一批思想进步、学养深厚的老师，他们反对死记硬背，鼓励学生自由思考，这段时间的经历深深影响着少年钱学森。钱学森常常握着一卷书，独自在校园中漫步。越来越丰富的知识充实着他的头脑，未来像一幅瑰丽的画卷，慢慢地在他的脚下展开。钱学森遥望前方，年轻的心仿佛燃烧着一团烈焰。

国文课上，董鲁安老师面对着充满朝气的学生，平日郁积在胸中的苦闷忧愤，不由自主地倾吐而出：

"军阀混战，百姓遭殃，可怜我中华大地，国无宁日，民不聊生。政客们为了各自的利益，翻云覆雨。到头来，苦的是无辜民众，毁的是国家根基。"

"老师，现实堪忧，我们国家的出路在哪里呢？这种混乱局面何日方休？"钱学森一脸严肃，话语中流露出强烈的民族忧患感。

"国民革命军正准备北伐去推翻北洋军阀的反动统治。革命力量在不断壮大，相信不久的将来，一定可以完成反帝反封建的伟大任务。"董老师说到这儿，转头望向高远的蓝天，脸上洋溢着热情的憧憬……

钱学森握紧双拳，对反动统治极为不满，对祖国前途无限忧虑，对千千万万挣扎在生死边缘的普通百姓命运无限关注。董老师主张学生关心政治，思考民族前途。自此后的日子里，他在教给学生书本知识的同时，在课堂上下，长时间地和他们讨论政治和时事。

钱学森热爱生命，热爱大自然。每到星期天，他常常一个人去郊外登山。攀上西山峰顶，临风而立，仰视苍穹，此时，苦闷顿时烟消云散，报国之志蓦然升起，愈久弥坚。

北师大附中是一所人才荟萃、管理有序的学校。校长林砺儒先生以培养德才兼优的学生为发展目标。他制定了一整套科学、完善的教学方案。鼓励教师积极发现人才、造就人才，希望从附中成长起来的这一代人能够成为救国、治国的栋梁。

钱学森对科学产生强烈的爱好即始于此。化学老师王鹤清先生发现钱学森不仅勤奋好学，而且对自己所讲的知识有一种独特的领会能力，就经常鼓励他独自思考、独立解决问题，钱学森每次都没有让老师失望。

有一次，上化学实验课，王老师指导演示后，因为有事暂时离开了。钱学森完成实验后，整理好实验记录，就去观看别的同学的操作，如发现同学有不规范的地方，便及时指出来；同学有疑问时，他总尽己所知耐心地讲解，同学们都亲切地称他"小老师"。

下课了，同学们三三两两地离开实验室。钱学森默默地整理各种仪器，擦拭实验台。一边干活，一边回忆全部实验经过，他忽然感到同学们的实验结果和自己的并不完全一致，于是，打开记录本，他开始重新操作，每做一次，认真记录一遍。

快下班时，王老师回来了。他发现实验室的灯仍然亮着，心里暗暗责怪粗心的学生。

当他快步走到门前时，透过半掩的门和整齐放置的器皿，他看见一个小小的身影，正埋头在实验台上写着什么。

聚精会神的钱学森并没有发现老师走进来，直到他做出了自认为满意的答案，才直起腰，长长地舒了一口气。

"王老师，您怎么来了？快请坐。"看到老师微笑着站在自己背后，钱学森忙向老师问好。

"我经过这里，看见灯还亮着，觉得奇怪，就进来看看。你的疑问和见解我都了解，给我很大的启发。你这种勇于探索、精益求精的精神是很难得的。好好努力吧！我们国家的科学技术很落后，这也是我们遭受欺辱、任人宰割的一个重要原因。学森，好孩子，好好用功，为我们国家争口气！"

王鹤清先生表情凝重，手抚心爱的弟子结实的双肩。看着老师眼底闪动的泪光，钱学森心中无比激动，两行热泪滚下腮边……

钱学森曾给西安交通大学图书馆写过一封信，他在心中深情地回忆起在初中三年级时发生的一件事：一天中午午餐后休息时，同学们在一起闲聊的时候，一位同学大声说：你们知道不知道20世纪有两位伟人，一个爱因斯坦，一个是列宁。大家问他怎么知道的，他说那是他从图书馆借的一本书上看到的。再问他，终于弄清了爱因斯坦是科学伟人，列宁是革命伟人。

列宁带领俄国人民推翻了资产阶级统治，建立了世界上第一个社会主义国家。1917年十月革命的胜利，改变了整个世界历史的方向，震惊了全世界，同时，也给中国革命带来了深刻的影响。钱学森当时对这位伟大的思想家、革命家还不很了解，只是觉得他是一位伟大的人物。

爱因斯坦的学说玄奥，钱学森难以读懂，但还是详细地做了阅读笔记。他对科学研究的兴趣愈来愈浓，前人取得的辉煌成就，既是对他的鼓舞，同时又是对他的鞭策。

中学生活的最后一年，钱学森更加坚定了科学报国的决心。这一年，数学老师傅仲孙先生教他们的几何课。傅老师那时已在北师大数学系担任讲师，附中请他给学生讲授几何，他欣然应允。

几何课上，傅先生声音清朗，思路明晰，讲解透彻，并且对学生要求极为严格。有一次，钱学森正在作图时，因为一时疏忽描错了一条线，傅先生严厉地批评了他一顿。钱学森知道老师说的是对的，可是同学们都在看着自己，他的心里有点儿愧疚，傅老师看了看脸窘得通红的钱学森，请他坐下。然后语重心长地对同学们说：

"孩子们，不是老师太苛刻，学习科学实在是容不得半点儿马虎，一次物理、化学实验，稍有疏漏，就可能产生不堪设想的后果；一项工程设计，错了一个小数点，就会造成重大的、无法挽回的损失。失之毫厘，谬以千里。同学们，科学之路，绝非坦途，只有百倍艰辛，才能换来一分收获，没有恒心勇气，不苛求自己，将难有作为。"傅先生诚恳、坦率的话语在教室里回荡。

钱学森怀着激动的心情，迎视者老师殷切的目光，他第一次了解了：形成严谨的科学研究态度，有多么重大的意义。

在中学时代，对钱学森产生过深远影响的老师还有：生物老师俞君适先生，博物老师李士博先生，美术老师高希舜先生，高先生后来成为著名的国画大师，王鹤清老师为鼓励钱学森的科学研究，给他自由到实验室做实验的便利，还从自己的藏书中精选出一部分，指导他阅读、学习。这些老师不仅教给钱学森丰富多彩的知识，而且交给他很多有益的人生道理。

1929年，钱学森中学毕业了。

几年的校园生活中，高大的松树，光滑的石阶，整洁的青砖小路，宽阔的操场，明亮的教室……到处留着他成长的痕迹。告别的心情中总有一缕淡淡的忧伤，钱学森留恋这个生活了几年的园子，园中的一草一木，一砖一瓦，还有那些可亲可敬的老师给自己的关怀和教诲，都镌刻在他的灵魂深处，在后来的日子里，时时浮现在记忆中，激励他勇往直前的信心和勇气。

大学时代

1929年，日本帝国主义的侵略魔爪伸向了中国东北、华北的大片领土；蒋介石政府在美、英帝国主义的支持下，与各派新军阀展开混战，紧接着，国民党白色恐怖笼罩全国。

钱学森目睹祖国惨遭列强蹂躏、国内反动派镇压人民的严峻局面，内心悲愤交加。当时他认为，祖国落后挨打，是由于工业落后，为振兴民族工业，钱学森决定学工科。

同年秋天，钱学森以优异成绩考入上海交通大学机械工程系。

上海是钱学森的出生地。16年后，重新踏上这块土地，一路上映入眼里、浸入心中的是城市的萧条、冷落，钱学森心绪沉重、感慨万千。

上海交大校园环境优雅，空气清新。园中很少有人悠闲地转来转去，同学们个个行色匆匆，表情紧张。钱学森觉得很奇怪。过了没多久，他就明白其中的缘故了。原来，这所学校特别注重考试分数。据高年级的同学说，每学期期终考试后，学生都特别关心自己的成绩，各科平均分数甚至要算到小数点以后两位。所以，几乎所有学生都在为高分奋斗，平时，他们很少休息，全部时间都用来钻研课本、制图、演算。

钱学森对此很不以为然。他认为学知识关键在于有用，学生不应该只把目光盯在分数上；交大校园的沉闷空气，压抑了学生的创造精神。钱学森虽然对学校的这种氛围很不满意，但是，一向争强好胜的他不愿意在分数上落在其他同学后面，所以，入学没多久，他也被卷入了废寝忘食、分秒必争的行列之中。

钱学森埋头书海，不忘国难民忧。身在交大校园，心系着亿万苍生。他认为，自己只有掌握了坚实的基础知识以及世界最先进的理论技术，才能在毕业后实现自己的理想，振兴民族工业，拯救国家危亡。他在读书之余，经常一个人在灯下沉思。皎洁的月光洒满庭院，摇动的枝叶簌簌地响着，似在谱写他的忧心。钱学森默默地为祖国描绘着未来的蓝图。

很快，一学期结束了。钱学森各门功课成绩都在90分以上，同时，他还赢得两位教授的赏识：一位是工程热力学教授陈石英先生，一位是电机工程教授钟兆琳先生。这两位老师都积极倡导把严密的科学理论和工程实际结合起来，以理论指导实践，在实践中发展理论。

钱学森非常喜欢听陈教授和钟教授的讲课，对他们精深的知识和诲人不倦的精神钦佩不已。两位老师也特别欣赏钱学森的勤恳和远大志向，经常在课后为他讲解疑难，指导他进行独立研究，鼓励他发表自己的见解。

有一次，钱学森被一个问题难住了。表面上看起来，这是关于工程力学的最基本的概念，可是，传统力学工作者提出的观点并不能够很好地解释具体应用过程中出现的各种问题。钱学森思考了很久，试图在此基础上有所突破，结果，他发现自己面前仿佛横亘着一座无形的大山，无论他怎样努力，都无法逾越。

陈教授拍了拍钱学森的肩膀，微笑着说：

"学森，你遇到的难题，我们也都遇到过，关键是你不能心浮气躁，急于求成。知识的积累是一个艰苦漫长的过程，勇于超越前人，推动某一学科向前发展是一种值得人尊敬和向往的事业。我相信你经过脚踏实地、平心静气的努力后，会有所收获的。"

"老师，谢谢您的教导，我一定坚持不懈地做下去，希望您能在学术上给我更多的帮助。我有很多困惑，一直在思考着，但不知该从哪一点上深入。"钱学森目光中满含期待。

师生二人坐在桌前，认真地讨论起来。钱学森倾听着老师精辟的分析和引导，混乱的思路一下子豁然开朗，他在表情轻松中又多了一份信心。陈教授看了看心爱的学生，脸上露出了满意的微笑。

1930夏天，钱学森完成了大学一年级的学业，人长高了，思想也逐渐成熟了。放暑假时，他一个人回杭州老家。

沿途，城市中各业凋敝；村镇里人迹萧疏。满眼是饥饿的折磨，到处是战乱的煎熬。国民党反共围剿的枪声，粉碎了老百姓安居乐业的梦想；帝国主义侵略者残忍的铁蹄，日益逼近贫弱的国土和无辜的人民。牛背上的短笛吹出激越苍凉的愤怒，田野中的落日渲染着如火如荼的抗争。

钱学森一路看，一路想，回到家中数日，心情依然无法平静。强烈的忧愤感伤扰得他坐卧不宁。苏堤漫步，游人寥落，盛夏的孤山、亭台蕴蓄着一种隐隐的凄凉，锦峰秀岭，水色清幽，唯有钱学森的心境苦闷、烦躁。

8月，杭州城流行伤寒，钱学森不幸染此重病，卧床不起。母亲焦急万分，日夜守护在床前。高烧中的钱学森时而安静，时而大叫"祖国祖国"，捶胸顿足，撕肝裂肺。母亲在一旁扶按不住，心疼得泪如雨下。

日子一天天过去了。原本结实健壮的钱学森被疾病折磨得脸色苍白，双目无神。他整日躺在床上，很少吃东西，母亲一匙一匙地把水喂进他干裂的嘴唇，一遍一遍地轻唤着爱子的名字。孩子这场病使她的身体和精神大受打击，两鬓染霜，脸颊瘦削不堪。

一个月过去了，钱学森在母亲的精心照顾下，逃过了危险，渐渐恢复了生机。窗前的花依然开得热闹、悠闲，绚烂的色彩，诉说着生命的美好和渴望，钱学森凭借着顽强的生命力与病魔抗争，他知道，这一生还有很多重要的事等着他去做。

因为身体虚弱，无法继续学业，9月份，钱学森支撑着起来，给上海交大校长写了一封信，简单地介绍了一下自己目前的处境，请求休学一年。学校方面很快回信劝他保重身体，安心养病，同意休学。

身体略好些，钱学森开始躺在床上读书。他一直喜爱美术，尤其是受高希舜老师的3年熏陶后，不仅具有了很强的艺术鉴赏力，而且经常自己动笔写写画画。可是因为交大的学习任务太重，加上自己对工程技术寄望甚殷，所以，始终没有时间细细地读几本艺术著作。现在，他有足够的时间供自己支配，于是首先选了一本艺术史放在枕边。

钱学森仍然很虚弱，天气转凉了，他偶尔出去走走，走不多远，头上就冒出一层密密的汗珠。想到自己还有很多知识要学，可现在这个样子简直什么也干不成，他心焦如焚。母亲博大的爱给了他最好的安慰，他终于暂时平静地走进了恢宏的艺术世界。

原以为这本艺术史不过是从鉴赏的角度出发，重在介绍艺术作品的表现力及其带给人心灵的震撼；可是，当他深入其中，反复咀嚼时，才发觉作者在著作中，运用唯物史观，对艺术的本质和发展做了科学、透辟的分析。钱学森对这位匈牙利社会科学家的艺术理论产生了深厚的兴趣，他整日手不释卷，浑然忘我。母亲担心儿子的身体，总是劝他动脑的事适可而止，不要过度劳累。钱学森看着慈爱的母亲关切的目光，感动得无以言表。

艺术史读完了，钱学森觉得自己获益匪浅。身体好些时，就到书店去把苏联文艺理论家普列汉诺夫的艺术论、布哈林的唯物论等书买了回来，潜心苦读，深入思考。后来，他又读了西洋哲学史，还有胡适的《中国哲学史大纲》上册。这方面的书读得多了以后，钱学森从中得出了自己的结论：只有历史唯物主义和辩证唯物主义才是科学的；经济学也只有马克思主义理论才是符合社会发展客观规律的，而资本主义的那一套理论，却是漏洞百出，难以自圆其说。

休学这一年中，钱学森初步接触了科学社会主义理论，为他后来坚定共产主义信念打下了良好基础。

1931年夏末，钱学森回到上海交大校园。

9月18日夜，日本关东军炸毁沈阳北郊柳条湖附近一段铁路，然后炮轰中国东北军驻地，并向沈阳城发动进攻，制造了震惊全国的"九一八事变"，拉开了侵华战争的序幕。蒋介石政府对日军的侵略行为采取不抵抗政策，致使祖国大好河山相继沦陷，东北人民惨遭日军蹂躏。

全国人民在中国共产党的号召和领导下，掀起了抗日救国的高潮。钱学森在这一时期，开始接触到共产党的外围组织，参加过很多次小型的时事讨论会，并且从那里了解了红军和解放区的存在。数学系的乔魁贤当时是交大活动小组的负责人，小组主要成员还有许邦和、袁轶群和褚应璜。他们经常秘密集会，商讨如何发动群众，组织抗日斗争。"一·二八"事变后，上海学生走上街头，发表演说，支持十九路军将士英勇不屈的抗日爱国行为。后来，乔魁贤被学校开除，钱学森和小组的联系也逐渐中断了。

学习任务依然繁重紧张，钱学森把一腔爱国热血都倾注在学业上。每学期他的平均分数都超过90分，因而得到了免交学费的奖励。他在交大的好朋友有林津、熊大纪、郑世芬、罗沛霖、茅于恭等人。这些都是品学兼优的青年，都有一颗忧国忧民的赤诚之心。他和这些青年常在一起钻研学问、讨论时事，说到悲愤处，人人眼里闪动着火一样的光芒。

大学三年级的假期，钱学森回到杭州。表弟李元庆因为敬慕表哥的学识，经常找他谈心，两个人思想接近、志趣相投，很快就成了无话不谈的知心朋友。钱学森从这位学音乐的表弟那里了解了左翼文艺运动的大致情形，他对共产党领导的人民大众路线有了更加深刻的理解。

1934年夏天，上海交大校园酷热逼人，日本帝国主义的侵略暴行像浓重的乌云一样，压在所有爱国的大学生心头。7月份，钱学森从机械工程系铁道机械工程专业毕业了。没等有关方面给他派定工作，他就考取了清华大学公费留学。

钱学森选择的专业是飞机设计，两位导师分别是王助先生和王士倬先生。王助是我国早年的航空工程师，设计制造了中国第一代飞机；王士倬也是清华大学机械制造方面成就卓著的教授。根据清华留美学生的规定，钱学森在1934、1935年间先到杭州笕桥飞机厂实习，然后到南京、南昌国民党空军飞机修理厂见习，最后去北京参观清华大学，同时拜访导师。时隔6年，再次面对怀念的北京城，看到北京在没落，钱学森感触很深。他对国民党的反动统治极为不满；华北事变加深了亡国的危机，钱学森更是忧心如焚。

冯·卡门教授与火箭俱乐部

1935年8月，钱学森乘坐美国邮船公司的一艘轮船从上海出发，穿越太平洋，直驶北美大陆。同行的留美学生还有余芝纶、夏勤铎等人。

站在甲板上，年轻的钱学森对战乱中的祖国充满了依恋之情，可是豺狼当道，国破不堪，如何能够实现自己的报国理想呢？他之所以下决心远走异国，背井离乡去学习他国科学技术，就是为了有朝一日回国参加建设。

当新一轮红日冉冉升起时，邮船靠岸了。钱学森心怀壮志，走进了美国麻省理工学院的大门。该学院航空系学者云集，来自世界各地的学生在名师指导下从事学习和研究，钱学森很快成了他们之中的佼佼者。他的成绩不但超过了美国学生，而且超过了同班的所有外国学生。老师对他的才能赞叹不已。钱学森为自己是一个中国人而自豪，也为自己的祖国感到骄傲。

因为学习工程技术一定要到工厂去，而当时美国航空工厂不欢迎中国人。所以，一年后，钱学森开始转向航空工程理论，即应用力学的学习。

1936年10月，秋高气爽。刚刚在麻省理工学院获得硕士学位的钱学森结束了一个阶段的学习，慕名前往加州理工学院航空系继续攻读。

加州理工学院坐落在洛杉矶市郊区帕萨迪纳。校园中繁花似锦，绿荫如画。钱学森之所以选择这里，有一个很重要的原因：后来被誉为"超音速飞行之父"的冯·卡门教授就在这里执教。当时他是研究航空科学的杰出人物。钱学森就是要拜这位声名显赫的学者为师，攀登航空工程理论的高峰。

冯·卡门教授是一位匈牙利犹太人，1934年始定居美国。他为人坦荡，而且才学过人。在人类征服太空的漫长旅途中，冯·卡门教授凭借自己的智慧为历史树起了一座座的里程碑。1970年，月球上的一个陨石坑以他的名字命名。

钱学森充满自信地走进冯·卡门的办公室，简捷扼要地说明自己想跟随教授攻读博士学位，希望老师接受自己的请求。

冯·卡门从办公桌后面抬起头来，仔细地打量了一下面前这位个子不高、彬彬有礼的中国青年，脸上露出了一丝微笑。

"我要先考考你，然后才能决定是否收下你这个学生。"

"老师，我会用心回答，有不准确之处，还请您多加指正。"

冯·卡门教授一口气提了好几个问题，钱学森回答得迅速精炼，答案毫厘不爽。全部问题答完了，钱学森谦逊地请老师批评指导。

卡门教授被这个貌不惊人的年轻人敏捷而又富于智慧的思维深深吸引了。他发觉，这个中国青年被一种无形的精神力量感染着。

初次见面，师生二人都给对方留下了深刻印象。钱学森非常尊敬冯·卡门教授，对其渊博的学识和严谨的作风钦佩不已。他愉快地接受了老师的建议，成为古根罕姆航空实验室的一名研究生。在卡门教授的指导下，写作有关高速空气动力学方面的博士论文。师生二人从此开始了人类喷气推进技术史上意义重大的合作，并且携手写下了灿烂夺目的一页。

在工作中，卡门教授逐渐发现钱学森在数学方面有着惊人的才能，他不仅具有天才的想象力，而且有着艺术家的敏锐目光；他成功地把二者和准确洞察自然现象中物理图像的非凡能力结合在一起。卡门教授开始就一些数学难题和钱学森展开长时间的探讨，钱学森往往能够给卡门的思想中注入新鲜的血液，经过他的提炼和整理，使艰深的命题从幽谷中走出来，以清新活泼的形式呈现在世人面前。

卡门教授起初对钱学森的才能感到惊奇，继而为他的天才创造所鼓舞和振奋，豪爽的教授从不吝惜自己的赞誉之辞，只要有机会，他总是向周围的人介绍自己心爱的弟子。在加州理工学院的校园里，钱学森成为人们注目的中心，他的成就也再次成为中国人的骄傲。

有一天，物理系大名鼎鼎的保罗·爱泼斯坦教授在校园里遇见了卡门，由衷地称赞道：

"卡门先生，你的学生钱学森有时也到我的班上听课，他的确才华横溢、令人惊叹。"

"当然，他非常优秀。"冯·卡门满面笑容，自豪得仿佛爱泼斯坦教授夸奖自己一样。

"那么，您是否认为他也具有犹太血统呢？"爱泼斯坦教授诙谐地问。

"不，世界上最聪明的民族有两个，一个是匈牙利，另一个就是中国。"冯·卡门从心爱的学生身上得出了这个结论。说完这句话，他凝神远眺，目光中充满了对自己祖国的怀念。

花谢花开，又一个春天用它那温暖的气息，驱走了冬季的寒冷和阴沉。钱学森独自伫立在柔和的阳光里，遥望东方，思念着灾难深重的祖国，思念着远方的亲人。

学习和研究工作越来越紧张了，钱学森渐渐感到自己的基础知识还不够充实。原来，上海交通大学的课程是依照美国工科高等学校开课模式设置的，基础课的内容相对较弱：数学只学到高等微积分，常微分初步；物理课没有原子物理、量子力学；化学课没有分子结构。

随着高速飞行问题研究的不断深入，钱学森意识到自己原有的知识远远不够，必须继续学习和充实。

无数个夜晚，在别人都已入梦乡的时候，钱学森一个人借着昏黄的灯光，如饥似渴地攻读现代数学。偏微分方程、积分方程、原子物理、量子力学、统计力学、相对论、分子结构、量子化学等现代科学技术的基础理论。他立志在最短的时间内，弥补自己所欠缺的知识，以适应工作的需要。

白天，他既要读书、撰写论文，同时还要参加卡门教授组织的各种讨论。就在不到两年的时间里，他几乎查阅了各国有关空气动力学的全部文献，不仅掌握了这门科学的基础理论，而且已经稳稳地站到了这门学科的最前沿。

在冯·卡门教授的精心指导下，钱学森的学习和研究进展顺利。加州理工学院安静美丽的校园，成了钱学森科学研究的基地，他的创造才能在这里得到了充分的展示和发挥。卡门教授主办的"每周航空研究班讨论会"是发扬学术民主的研究例会，参加研讨会的有教授、访问学者、博士和学生。卡门要求他们在会上介绍自己的工作进展情况，同时，所有从事研究的人员在一起制订下一步工作计划，分配设备和使用的时间，确定出版计划。

讨论会的气氛总是非常热烈。人们各抒以见，常常因为一个问题争得面红耳赤，卡门教授也和大家一起争论。安静下来后，再由他做总结。如果经过讨论，证明他的观点错了，这位谦逊的长者总是不好意思地笑笑，心悦诚服地接受大家的批评。

有一次，钱学森做完报告后，刚刚坐下，一位老先生站起来发表了长篇的评论，质疑钱学森提出的新见解。钱学森耐心地听完，然后站起来慷慨陈词，据理力争，毫不留情地指出这位长者论述中的错误。他的声音平静中隐含着尊严，严肃中蕴藉着对真理的热爱。会场上的气氛一时间有些紧张，发言的老先生坐在那儿一脸尴尬。会后，冯·卡门教授拍着自己弟子的肩膀说：

"你知道刚才给你提意见的人是谁吗？他就是当代力学权威冯·米塞斯先生。你能把他驳得哑口无言，真是太不容易了。"说完，卡门教授肩头一耸，孩子般地朗声大笑起来，这笑声充满了对钱学森的肯定和赞赏。

钱学森所在的航空实验室所有成员之间，洋溢着一种和谐友好、平等自由的气氛。上课时，老师鼓励学生随时提问，即使打断老师的讲解，也不会被认为有损师道尊严。与之相应的，所有教师对学生的学业要求都极为严格，卡门教授经常亲自主持口试，学生稍有怠惰，就会遭到严厉的批评。

实验室这种严谨的学风和不拘形式的活跃气氛使钱学

森感到心情舒畅，他如鱼得水，在科学前沿迅速成长。

就在钱学森来到加州理工学院不久，古根罕姆航空实验室接受几个年轻人研究制造火箭的建议，冯卡门教授同意做他们的顾问。

几个年轻人中，有一个名叫马利纳。因为对火箭、音乐、美术、政治拥有同样的热情，他很快和钱学森成为挚友。火箭小组成员还包括自学成才的化学家帕森、机械师福尔曼。不久，正在攻读博士学位的钱学森和正在攻读硕士学位的史密斯也加入进来。五个人组成了"火箭俱乐部。"

第二年，在古根罕姆航空实验室的研究会上，玛利纳报告了五个人将近一年的工作情况。他主要介绍了钱学森进行的火箭发动机喷管扩散角对推力影响的计算方案，这一成果后来发表在《富兰克林会刊》上。马利纳的报告实事求是，毫无渲染夸大之处，他的真诚和热情感动了天体物理实验室助教阿诺德，阿诺德主动要求加入火箭小组，并愿意捐献1000美元给小组作为研究经费。

这1000美元是整个火箭小组的全部基金。开始时，因为没有钱，马利纳就带着几位志同道合的好友去废品仓库和一些企业的废料堆，捡回管头等东西充当实验材料。为了研制火箭，几个人把自己的生活费都捐献出来了。

火箭实验充满了艰辛和危险。有一次，因为发动机点火装置不良，造成古根罕姆大楼楼体震动，烟尘四起，呛人的气体弥漫整个大楼，数日不散。火箭小组只好把实验工作搬到无人的水泥平台上进行，想不到，实验屡屡受挫，意外的爆炸事故接连不断。烟雾、噪声破坏了校园的宁静，惊心动魄的撞击、破裂，在全校师生心头蒙上了一层恐怖的阴影，一时间怨声载道。

学院的执行委员会主席，年迈的罗伯特·米利恨不得不对这个被学生誉为"自杀俱乐部"的活动小组采取强制措施，他亲自通知冯·卡门，勒令他们马上停止这种惊险的实验。

冯·卡门无奈，只好带领学生寻找新的实验场所。不久，在帕萨迪纳往西的阿洛约赛克找到了一块荒无人烟的地方，在那里再次竖起了他们的火箭发射装置。

也有工作和学习稍微轻松一些的周末，这时钱学森便约马利纳一起去听洛杉矶交响乐团的演出。气势磅礴的乐声渐渐地振奋了钱学森疲惫的身心，他的灵魂终于能够在音乐的旋律中自由飞翔，多少生命的渴望，多少心境的苍凉，多少沉重的思想缠绕在一起，随着乐曲起起落落，像大漠荒原上一次孤独的旅行……

　　由马利纳介绍，钱学森加入了他们的生活圈，结识了很多新朋友。有些闲暇的夜晚，钱学森和这些人围坐在一起，喝喝咖啡，听听音乐，聊聊政治，有时候，也讨论一点儿马克思主义哲学和共产党的报纸，这些美国和客居美国的年轻人都非常同情中国国土上正遭受日本法西斯践踏的人民，钱学森因为能和这些人倾吐内心的义愤，感到心里轻松了许多。所以一直坚持参加这种小型的聚会。

　　从1938年冬到1939年，火箭小组的成员开始陆续分散。一些人直接参加反对纳粹德国的战争，另外一些人参加了与战争有关的科学研究工作。钱学森在加州理工学院结束了三年的研究生学习，完成了具有独立见解的《高速气动力学问题的研究》博士论文，取得了航空和数学博士学位后，留在加州理工学院任航空系的助理研究员。

尴尬的会见

1939年的夏天，钱学森由卡门教授的得意学生变为与之精诚合作的同事，他的声望仅在卡门一人之下。冯·卡门在一项空气动力学的发展中有革命性的发现时，钱学森总是他不可缺少的助手和伙伴。

1941年从加拿大来了几位用庚子赔款资助的留学生：郭永怀、傅承义、林家翘。第二年，钱伟长也来到美国。同胞在异国相聚，每个人心中多了一重激动，钱学森握着几位同胞的手，热泪盈眶。

钱伟长多才多艺，傅承义专攻地球物理，郭永怀和钱学森个性最为接近，他们经常在一起吃晚饭，讨论各种问题，关注祖国国内形势，几个人相处得亲密无间。1943年秋冬，周培源先生来到加州理工学院从事研究工作，与冯·卡门教授一起探讨湍流统计理论等。

星期天，钱学森等人常约去周培源老师家，研究学问，畅谈志向，分析国家大事。到晚饭时间，大家一起动手，帮师母王蒂澂洗米摘菜，烹制家乡菜肴。小小的屋子里，充满了欢声笑语，在寂寞的异国他乡，这里成了全体中国留学生温暖的家。

1942年时，美国军方曾委托加州理工学院举办喷气技术培训班。那时，钱学森的研究工作已经取得了令世人瞩目的成就，而且带出了一些优秀的学生。由于美国战争时军事科学研究的需要，暂时放宽了对外国人的限制，钱学森得以参一些机密的工作。训练班成立后，钱学森作为教员之一，开始与美国陆海空三军技术人员有了较多接触，后来美军从事火箭导弹工作的军官中，有不少是当时他教过的学生。

1944年，美国陆军得到一份关于德国正在研制V—2火箭的情报，立刻委托冯·卡门教授和马利纳研究远程火箭。美军原始型的"下士"式导弹就是他们那时开始设计的。钱学森负责理论组。为了执行这个计划，他不断地来往于五角大楼和加州理工学的喷气推进实验室。

不久，钱学森把林家翘、钱伟长也请来加入弹道分析、燃烧室热传导、燃烧理论等研究工作。同时，美国航空喷气公司还聘请钱学森担任技术顾问。由于工作出色，加州理工学院提升他为讲师。

冯·卡门对钱学森取得的成就非常欣赏和敬佩，他认为这位年轻的中国科学家正凭借卓越的才华和惊人的毅力追赶并超越着自己。在30年代末到40年年代中期，他和钱学森共同署名发表了近10篇对人类飞行事业具有深远影响的论文。两个人在工作中互相促进，结下了深厚的友谊，并创造了震动全世界的"卡门—钱学森公式"，在航空航天科学史上留下了浓墨重彩的一页。

1945年，冯·卡门教授受聘担任美国空军顾问团团长，他提名钱学森为团员，得到允准。 这个团为美国空军提供了一个远景发展规划，钱学森从中学到了从大处和远处设想科学技术发展问题的方法。

5月，第二次世界大战接近尾声。美国空军部长兼军用航空公司的首脑亨利·阿诺德是个非常有远见的军官。他出身西点军校，受过严格训练，当法西斯德国锐气尽失、气息奄奄时，他首先意识到尽快把德国的先进导弹成果和技术专家接收过来，是发展美国空间武器的一条可取的捷径。

卡门教授被军方授予少将军衔，率领包括钱学森在内的一些技术专家乘坐C—54型飞机，穿越千山万水，来到被战火折磨得面目全非的德国。

钱学森走下飞机，抬头望去，视野里遍布焦土、断壁残垣，战争使成千上万的人无家可归、流离失所。触景生情，他不由得想起了同在战乱中挣扎的祖国。什么时候人类才能够和平相处？什么时候科学才能够真正为人类带来幸福的光明？人的生命总是有限的，为了一个崇高的目标，多少人殚精竭虑，苦度一生……种种感慨在他心中奔涌交汇，钱学森久久无言。

在来德国考察前，钱学森已被加州理工学院提升为副教授：为参加与这次考察，美国军方授予他上校军衔。

冯·卡门教授带领钱学森等人首先考察了德国不伦瑞克附近一座隐蔽在一片松林中的德国空军的秘密研究所。这座研究所是纳粹头子戈林直接领导的，由56幢建筑构成。四周是遮天蔽日的松林，寂静无声，几乎看不见有人走动，研究所设有研究导弹、飞机引擎的成套仪器设备，以及严密的组织机构。很难想象，第二次世界大战期间，这片秘密丛林中，竟有几千人在紧张地工作着。仅是他们写出的秘密研究报告就有300万份之多。材料总重量超过了1500吨。

冯·卡门和他领导的考察团详细地察看了这里的全部研究设备，分析了有关技术成果，同时还审讯了一些主要研究人员。钱学森细心地记录着自己见到的一切，虽然他对法西斯德国使用新式武器从事非正义的侵略战争感到特别气愤，但同时他也不得不赞叹德国的设备、技术、成果都是世界一流的。

接着，考察团又前往诺德豪林、哥廷根、亚琛和慕尼黑等地作了调查。德国在佩内明德建立的V—2火箭基地，在柏林投降后，就被苏军解放，因此，考察团没能够到那里去取得第一手材料。不过，在火箭基地工作的400名工程师和技术人员已经逃到了慕尼黑。考察团对这些人进行了认真细致的审讯。

在审讯中，冯·卡门和钱学森得知一个惊人的事实：已经研制出来的V—2火箭只有322千米的射程，但德国人不甘心就此止步，他们正在研究制造一种可以达到美国纽约的射程为4828千米的远程火箭，并且已取得一定成果。钱学森敏感地意识到德国的火箭导弹技术已经走在美国前面了。

在整个考察旅途中，给钱学森留下印象最深的一件事是在哥廷根，他见到了卡门的老师路德维格·普朗特。

哥廷根是第二次世界大战中没有毁于战火的德国几座城市之一。普朗特一直居住在这座号称"大学之城"的城市里。他被世界公认为是近代流体力学的奠基人，被誉为"空气动力学之父"。

师生三代人相见的场面是具有历史意义的。冯·卡门和钱学森是审讯者，普朗特是被审讯者。卡门教授后来回忆说："这是一次多么不可思议的会见啊！我发现，是钱学森和我在共同审问我昔日的老师路德维格·普朗特。而钱学森是与红色中国紧密相连的、我的杰出的学生；普朗特是为纳粹德国工作的、我的亲密的老师。现在我们经历的是一个多么奇特的境遇，一种可怕的力量，把立志一生献身科学事业、对物质生活毫无所求的三代空气动力学家分隔开来。"

钱学森面对这个能够引发人无限感慨的场面，感到非常难过。神圣的科学，成为一些人手中制造罪恶的工具；而从事科学研究的人对此却无能为力，他们在历史舞台背后，充当看不见的杀人凶手，这是多么可悲的事情。三代空气动力学家本应该携手推动人类文明与进步的历程，现在，却不得不变成令人难堪的敌对双方，拼命维护各自的尊严。

冯·卡门在考察结束之后，应阿诺德将军的要求，写了一份题为《我们在何处》的报告。在报告中，他把美国和德国在战争期间的科学发展状况作了比较，并且很自信心地指出，美国已经有可能研制出9656千米射程的导弹。

这次德国之行，大大地开阔了钱学森的眼界和思路。回到加州理工学院后，他认真地整理了自己的考察记录，写出了一份非常精彩的报告，获得美国空军部长阿诺德将军的通令嘉奖。

在加州理工学院的校园里，钱学森并不是受所有学生爱戴的教授。因为他对学生要求十分严格，有时候显得性情急躁，不够亲切。但是，如果和他接触的时间长了，就会发觉他对科学研究的严肃态度是非常难得和有益的。凡是有毅力和进取精神的学生，总会从他那里学到很多宝贵的东西。

钱学森始终非常尊敬冯·卡门教授，虽然他们已成为同事和好朋友，他仍然坚持称呼卡门为"我尊敬的老师"。卡门一直和他没有出嫁的妹妹住在一起，他待钱学森就像父亲对待自己的儿子一样，经常邀请钱学森到自己家中去。钱学森也很喜欢老师家中那种轻松、自由的氛围。在那里，他总是谈笑风生，热情洋溢。他的诙谐幽默、诚挚率直的风度和个性使他成为最受卡门妹妹欢迎的客人。他们三人经常围坐在一起，听一些轻松的乐曲，谈一些新鲜活泼的话题，品尝着卡门的妹妹亲手制作的精美可口的小点心，共同度过一个个平静、温馨的晚上。

钱学森在36岁时，已成为一位无可置疑的天才，他的工作大大促进了高速空气动力学和喷气推进科学的发展。在第二次世界大战期间，他对美国的火箭研究做出了巨大贡献。美国空军高度赞扬了他在世界反法西斯战争中发挥的极其重要的作用。一位美国海军次长感慨万分地说："钱学森无论在哪里，他都抵得上五个师。"

终身伴侣

1946年夏天，冯·卡门教授因为和加州理工学院当局发生分歧而辞职，钱学森也离开加州理工学院，再次来到麻省理工学院，担任航空系副教授，专教空气动力学专业的研究生。

1947年2月，经冯·卡门推荐，36岁的中国学者钱学森成为麻省理工学院最年轻的一位正教授级终身教授。

钱学森坚持不懈地在科学研究领域探索、攀登。他像一位不知疲倦的战士孤独地走过一个个春夏秋冬，写下一曲曲震撼人心的交响乐。

这一年夏天，他收到了一封来自祖国的家信，信中说：母亲去世，年迈体弱的父亲日日倚门远望，苦苦思念远在异国他乡、一别十年的爱子。

钱学森读完信，泪如雨下，4000多个日子如云一样逝去，自己远游在外，何曾陪伴父母享受过一日的天伦之乐，何曾在父母膝前尽过一天的做儿子的责任。亲人的召唤不停地在耳畔回响，父亲白发苍苍、满目愁苦的身影晃动在他的眼前。握着这薄薄的两页纸，钱学森感到眷眷的情如山般沉重，横亘在他心头。他再也坐不住了。

第二天，钱学森对卡门教授说明家中情况，并且说自己已决定回国探亲。卡门注视着心神不宁的弟子，恋恋不舍地劝他早去早回。

很快，钱学森登上了回国的客机。飞机在一碧万顷的太平洋上空飞行，钱学森放下手中的书，揉了揉眼睛，因为睡眠不好，他的双眼有些涩。舷窗外，晴空澄澈，蔚蓝无云。一颗游子的心，已随轻风飞回家中。

飞机直抵上海，在龙华机场，钱学森的好友范绪箕从杭州专程赶来迎接他。回到祖国怀抱，踏上家乡土地，钱学森激动万分，眼里盈满了热泪。

父亲见儿子，忧愁黯淡的心绪为之一振。希望儿子能够留下来，在1947年9月份时为钱学森选定了一门亲事。

新娘名叫蒋英，容貌端庄俏丽，性情活泼开朗。蒋英是中国早期著名军事学家蒋百里的三女儿。蒋家和钱家世代友好，关系密切。钱学森的父亲钱均夫在杭州求是书院读书时，与蒋百里是同窗好友，两人都有一腔壮志豪情无法实现，常以文字抒发、排遣。

蒋英小时候经常到钱学森家玩，两个人一起读书识字，一起唱歌、做游戏。后来，蒋英到德国去学习音乐，曾在柏林研究过德国歌曲；接着又到苏黎世接受一位匈牙利女高音歌唱家的指导，成为一名著名的歌唱家。

这年夏天，蒋英恰好也学成归国，钱学森与她在上海重逢。遥远的童年往事在两个人心中唤起了美好的回忆，共同的爱好、不倦的追求，使二人相互敬重。9月中旬，在双方长辈的主持下，举行了一个古朴而又热闹的婚礼，钱学森和蒋英结为终身伴侣。

新婚的喜悦并不能完全驱走钱学森心中的阴霾。归国期间，他亲眼目睹了国民党反动统治的无比黑暗。祖国依然处于多灾多难、举步艰难的困境之中。在这样的环境里，正直、向往光明和自由的科学家是没有立足之地的。

一个偶然的机会，钱学森遇到了以前和他一起在美国留学的植物学家殷宏章。殷宏章满腹牢骚，向钱学森诉说了自己的处境：

"自从回国后，战乱频繁，抗日战争刚刚胜利，内战又起，逼得人东躲西藏，心烦意乱，举国上下，浩浩中华，竟无一处科学研究的净土。这种情形怎么搞科学研究呢！我现在真的是太苦闷了。"

"是啊，丢掉专业，学问荒疏，十几年的心血付之东流，谁能甘心啊！我们的祖国什么时候才能和平安定地搞科研建设呢？"钱学森有太多的感慨。

接着，他又先后见到了一些老同学、同事、朋友，他们的处境更加可怜，有的甚至连最起码的生活都很难维持。一位同学非常气愤地对钱学森说：

"在这个黑暗的社会里，科学总是被反动派戏弄在掌上，践踏于脚下。科学家只不过是他们政治上的点缀，他们不会让你饿死，也绝不会让你活得舒舒服服。想有所造就，无异于白日做梦。"

钱学森感到心灰意冷，虽然在内心中，他非常热爱自己的祖国，可是他无论如何也不愿意放弃自己的研究工作。为了事业，他决定再次去美国。

三个月后，钱学森带着年轻美丽的妻子回到美国。他的工作比以前更加繁忙了。在离麻省理工学院不远的一个偏僻安静的地方，有一座古旧的小楼。二楼的窗口每个夜晚都透出温暖的灯光，这间屋子就是钱学森的书房及工作室。夜行的人从窗下经过，抬头望见那一缕明亮的灯光，望见灯下伏案、时而研读时而疾书的身影，心里总会涌起一种敬意和感动。钱学森的同事和朋友都知道，当他的书房亮着灯时，最好别敲门找他，因为他在工作的时候几乎从不接待任何客人。

钱学森的敬业精神和惊人成就，博得了全体中国留美学者的尊敬。1948年前后，他被推选为全美中国工程师学会的会长。

1949年9月，钱学森离开麻省理工学院，又回到加州理工学院任教。他主要讲授喷气推进课程，同时还负责主持研究新的推进技术。他对发展核能发动机的前景非常乐观，并且怀有浓厚的兴趣。从事这方面的研究，加州理工学院的条件比麻省理工学院要优越得多。在这一年中，钱学森成功地完成了第一篇关于核火箭技术的出色论文。

蒋英因为久居国外，能讲流利的英语。她很快适应并爱上了帕萨迪纳喧闹的亚热带生活。夫妻二人生活得相当愉快。加州地区反东方的偏见并没有对他们产生什么影响，他们和很多美国人保持着亲密友好的关系。无论两个人出现在公共场合，还是在同事、朋友的家中，都会受到真诚热情的接待。

当时，钱学森和妻子住在帕萨迪纳的老房子里，同事们经常去那里做客。钱学森兴致勃勃地为大家做中国菜，妻子蒋英在他身边忙来忙去，做他的助手，他总是反对妻子的指点，坚持自己的意见，有时显得固执可笑。蒋英亲切地嘲笑丈夫的自以为是，对丈夫的批评毫不在意。客人们感到轻松自在，一致认为这对夫妻的结合非常美满。

很快，他们有了第一个孩子。钱学森给儿子取名永刚，大约是望儿子一生坚强、正直。钱学森非常疼爱孩子，他愉快地参加家长、教员联合会的会议，为托儿所修理玩具，和淘气的儿子做各种各样有趣的游戏。看着孩子一天天长大，他的心里充盈着温馨的爱。

钱学森的家庭生活充满了无限的乐趣，但他的工作却一点儿也不比以前轻松。一个工作在西方的中国人，想有所作为，他所要承受的压力和付出的心血都格外多些。钱学森深深了解这一点，所以他对自己和跟随自己一起从事研究工作的中国学生提出了近乎苛刻的要求。他一向反对心懒意庸和碌碌无为；他认为一个人只有勇于战胜自我、超越自我，才有可能超越别人，站得更高、看得更远。

钱学森曾不止一次地公开表示自己对同事敷衍的工作态度和拖沓的工作作风的极度不满。同事经常被他教训得面红耳赤。他的爽直博得了周围的人的尊敬。钱学森也因此在加州理工学院获得了更大的自由。他讲授自己愿意讲的课程；选择自己感兴趣的研究方向；挑选自己欣赏的优秀研究生。他有充足的经费和能干的助手，能够保证他的课题顺利进行。

　　时光飞逝，钱学森重返美国又是两个年头过去了。1949年的中秋节，在大洋两岸的中国人心中别有一番感受。这天夜里，加州理工学院校门对面的一个街心花园，洋溢着节日的热闹气氛。原来，钱学森和妻子蒋英以及罗佩霖等中国留学生欢聚在一起，共庆祖国的传统佳节。

　　这一天，正是新中国成立后的第六天，全国人民都沉浸在翻身当家做主人的喜悦之中。大洋彼岸的这些游子"举头望明月，低头思故乡"，心中盛满了深切的思恋之情。柔和的月光，轻盈如水的夜风，在众人眼底编织着晶莹闪光的童话，牵动了这些中国师生的心。

　　夜深了，众人仍不忍散去。新中国的未来像一幅亟待设计、描绘的图画，人们怀着无限的憧憬翘首以待，渴望祖国早日富强起来。钱学森注视着每一张为祖国祝福的笑脸，一股暖流奔涌在他的胸中，他忍不住站了起来，在馨香的花丛中，激动地踱来踱去。回祖国去，加入到祖国建设的大潮中，为这幅伟大的蓝图绘下自己的一笔，在他的心里强烈地涌现出来。

1950年2月，钱学森应邀出席了在纽约召开的一次会议。会上，他发表了十分精彩的演说，受到好评。

在演说中，钱学森相当自信地指出：火箭或者导弹，每小时飞射16093千米，不仅是可能实现的事情，而且目前已到了接近完成的阶段。因为，无论在理论上、还是在实践上，都已经取得了极大进展。台下的听众请他描述一下这种能够飞射16093千米的火箭或导弹的形状，钱学森微微一笑，很快描画出来。他说：这种火箭或导弹很像一支中间有一对小翅膀的铅笔，长约27米，全身重量和混合燃料加在一起，预计总重量约有5吨。

接着，钱学森详细地解释了这种火箭或导弹的原理和性能。他的这一论断引起了一场不小的轰动，当时的人们称之为"惊人的火箭理论"。纽约及其他城市的报刊纷纷加以报道，《时代》杂志上还刊登了他的一组照片。后来，又出版了一些有关他设计的火箭的连环画。

钱学森领导的加州理工学院喷气推进中心成为举世

瞩目的航空研究最先进的基地。金钱、地位、声誉随之而来，但他却不为所动，祖国蒸蒸日上的形势鼓舞着他、吸引着他，回国的打算越来越明确、坚决了。

钱学森一边潜心钻研，一边精心指导学生。在指导罗时钧的博士论文时，钱学森经常和他谈起祖国急需建设人才的事。

"时钧，祖国解放了，我们不能永远留在异国，当初留学的目的就是想学成后为祖国建设服务，你早点儿回去吧，我是去意已决。"

"老师，您放心，我决不会留恋这里的优厚待遇，祖国生我、养我，现在需要我，再苦再累，我也应该回去。"罗时钧年轻的面庞上，现出坚毅的神情。

钱学森拍了拍心爱弟子的肩头，欣慰地笑了。在他的影响下，罗时钧的学业还没有全部结束，就提前归国了。很多在美国工作、学习的中国人，虽然并不了解共产党领导下的新中国，但是在钱学森的感召下，也都纷纷打点行装，踏上归途。

唯独钱学森自己的归国路漫长、艰辛、而又险恶。一股莫名其妙的风潮把他卷入了政治斗争的漩涡。

艰难归国路

　　40年代末，美国国内表面上看起来风平浪静，没有什么迹象表明一场突如其来的灾难会落到为这个国家的航空事业做出了卓越贡献的中国科学家钱学森身上。然而，一些嗅觉灵敏的人已敏感地察觉到了平静中孕育的紧张和不安的情绪正在不断地滋长。

　　1949年9月份时，苏联人爆炸了他们的第一颗原子弹，从而终止了美国人的核垄断局面。

　　11月，原美国国务院官员阿尔杰·希斯受到审判，他被指控为共产党间谍。

　　第二年2月，英国人又宣称，他们的一位最高级的科学家克劳斯·富克斯博士把许多西方的原子秘密交给了苏联人。

同一个月，美国威斯康辛州的参议员约瑟夫·麦卡锡在给惠林妇女共和党人俱乐部讲话时宣布，他掌握了一份在国家重要部门工作的205名共产党人的名单。一时间，以麦卡锡为首的狂热反共分子，对许多美国人和在美国工作的外国人展开了追查和迫害。

美国国内掀起了一种雇员们效忠政府的歇斯底里狂热，并且愈演愈烈。几乎每天都会发生对大学、军事机关和其他机构进行审查或威胁性的调查事件。

加州理工学院也难逃此劫。凡是1936年到1939年期间，在这里生活、工作过的人，都有被看做是40年代中嫌疑分子的危险。钱学森和他在火箭小组的朋友们开始受到不断的追查和迫害。其中有个人因为是共产党人嫌疑而被捕入狱；其他的人大都因此失去了在大学的职位。有的人放弃了科学研究，投身于商界，从事着与国家机密毫不相干的工作，他们的知识才能也就此无用武之地了。

怀疑终于落到了钱学森身上。联邦调查局要钱学森揭发一个名叫西德尼·槐因包姆的化学研究员。这个人曾在一个与共产主义有关的案件中提供过伪证而正在帕萨迪纳受审。钱学森和这个人有过一般性的交往。他不愿意出卖自己的朋友，于是断然拒绝了联邦调查局的无理要求。

1950年7月，军事部门突然吊销了钱学森参加机密研究的证书。他根本无法继续进行喷气推进的研究。加州理工学院院长李·杜布里奇听完钱学森愤怒的申诉，安慰他、劝他冷静，并且说自己虽然很同情他的处境，但是无能为力。

冯·卡门教授写信给钱学森，信中说："听到这个消息，我感到很震惊，我将为你做我所能做的一切。"很多重要人物站出来为钱学森抱不平，但仍然于事无补。

钱学森决定不再等待暑假的到来，立即动身回国。院长杜布里奇希望他能够到华盛顿去一趟，争取恢复接触机密的资格。钱学森同意了。

抵达华盛顿，钱学森马上来到五角大楼丹尼尔·金布尔办公室。金布尔是钱学森在喷气中心承担的研究计划的总负责人，对钱学森颇为赏识。

钱学森简单地介绍了自己目前的境况之后，非常严肃地说：

"鉴于我已无法在美国继续工作和研究，我准备马上动身回国"。

"钱先生，希望您能再考虑一下。我个人认为，这一切只是一场可怕的误会，相信错误会很快被纠正"。

"不，我无法忍受这种不公正的待遇，失去了工作的权利，我在这里多留一日，都是毫无意义的！"钱学森说完，转身推门离去。

金布尔没有在忠于国家还是忠于朋友这个问题上费心思，当钱学森的身影消失在走廊尽头后，他毫不迟疑地抓起桌上的电话机，拨通移民局，通知了钱学森的有关情况，然后恶狠狠地说：

"钱学森知道的东西太多了，我宁可枪毙他，也不允许他离开美国！"

1950年8月23日的午夜，钱学森只身乘飞机从华盛顿回到洛杉矶机场。他刚一走下飞机，移民局的一位官员立刻迎上前去，递给他一份文件，并且说：

"遵照美国的法律，钱先生，您不能离开美国。"

钱学森接过那张纸，看也没看，就装进包里。然后，一言不发地回到帕萨迪纳的家中。他心里很清楚，这场麻烦早就开始了，而且绝不会就此结束。

蒋英见丈夫脸色难看地回到家中，不知道发生了什么事，忙关切地问：

"学森，你怎么了，身体不舒服吗？"

"没有。移民局通知我不准离境，这项限制我也不知有效期是多长，要不，你和孩子先回去吧，回到国内一定会有人好好照顾你们的。"钱学森看着满脸焦灼的妻子，声音和缓地说。

"不，我要留下来陪你，他们不敢把我们怎么样的。只要我们坚持斗争，总有一天可以回到祖国。"蒋英心情很激动，长期以来，她对美国的生活感觉不错，但是她更热爱自己的祖国。现在，丈夫失去了工作和回国的自由，她感到非常愤怒，两滴热泪落下来。

"好吧，那就让我们一家人永远在一起同甘共苦吧！"钱学森抬起头，轻轻地为妻子拭去泪痕，然后，紧紧地握住妻子的双手，脸上现出了他特有的平静、从容的神情。

第二天，钱学森取消了原订的机票，好像什么事情都没有发生过一样，又去加州理工学院上班了。

联邦调查局的密探严密地监视着钱学森的一举一动，他的住所也处在密切监控之中。同时海关无理地扣留了他的全部行李。原来，钱学森在去华盛顿以前，就已经打好行李，用板条箱装好，运到海关，准备由8月29日开往香港的美国"威尔逊总统号"轮船运送回国内。

海关的检查人员发现钱学森运行李的板条箱里满满地装了800多千克书籍和笔记本时，马上得出结论说这些都是高度机密的材料。于是，一些新闻媒介马上大造声势，向全世界发布这个"骇人听闻"的消息："一名'共产党间谍'企图携带大批机密文件离开美国。"可是，经过进一步检查，美国政府发现这些行李中的东西实际上和钱学森坚持申报的完全一致，根本没有什么机密情报可言。

钱学森为人一向光明磊落。早在他决定回国的几周之前，就已经详细地检查了手中的材料，把所有关系到国家机密的都谨慎地退回美国政府。他要带回国的只是一些教科书、课堂讲义和一些科技文献，以及自己论著的复印件。照此情况，钱学森应获得回国的自由，可情况正相反。

美国当局的惊恐日益加剧，在他们看来，钱学森仿佛成了一枚定时炸弹，随时都有爆炸的危险，必须尽快想个稳妥的办法，把他"保护"起来。9月9日，钱学森突然被联邦调查局非法拘留，送进了移民局的拘留所。

联邦调查局对钱学森的指控仍然是："钱学森隐瞒了自己的共产党员身份，企图运送秘密的科学文件回国"，并且据此宣布他是"不受美国人民欢迎的异己分子。"

钱学森被关押在特米那岛上的一个拘留所里。囚室内阴暗潮湿，狭窄憋闷。看守人员把钱学森完全当成一个囚犯对待，对他进行了长时间极其不人道的折磨和迫害：不给他足够的水和食物，不允许他跟任何人谈话；每天夜里，隔10分钟看守就会闯进囚室，打开灯，察看他在做什么。钱学森一夜一夜地无法成眠、屈辱、愤怒折磨得他坐立不安。

非人的囚禁生活，使钱学森的肉体和精神遭受了巨大的伤害。他的体重在短短的十几天里就减少了5.9千克！而精神折磨比这更重，更令他难以忍受。每天深夜，他独自站在窗前，无聊地数着天上的寒星，心里反复地诅咒这个使他蒙受了不平和苦难的地方，并且不停地告诫自己：若今生能活着离开这块土地，那么将永生永世不再踏上美国半步！

在钱学森被关进拘留所的同时，他的学生罗时钧和科学家赵忠尧、沈善炯三人乘坐"威尔逊总统号"轮船归国。途中，船行到日本横滨时，驻日美军登上轮船，不容分说把三人逮捕，关进横滨的监狱中。一天，罗时钧从报上看到了老师被捕的消息，忍不住泪流满面。

这就是美国的民主和自由。

钱学森被捕的消息很快传遍了全世界。冯·卡门教授以及加州理工学院的师生、社会各界主持正义的人们纷纷伸出援助之手，向美国移民局提出强烈抗议。杜布里奇院长首先急飞华盛顿，力劝司法部长，使他相信钱学森是一个诚实的人，只要他答应留下来，那么就不会偷偷地离开。接着杜布里奇院长又找到钱学森的几位朋友，凑足了1.5万美元作为保释金。法院还不满足，他们又附加了一个条件：钱学森不能超越洛杉矶县的范围去旅行。钱学森没有别的选择，只得被迫答应下来。

坐了两星期牢之后，钱学森被保释出来了。但是，他丝毫没有因此而感到轻松，因为，真正的自由并不属于他。他实际上是被软禁在家中。

矢志不渝

　　钱学森被释放后，杜布里奇院长马上恢复了他在加州理工学院的工作。钱学森忍着羞辱和愤怒，神色如常地回到了自己的工作岗位上。

　　在这以后的整整五年时间里，他不得不忍受联邦调查局的特务人员对他的办公室和住所经常性的检查骚扰。朋友或同事偶尔有事打电话给他，都会遭到联邦调查局蛮横无理、无休无止的盘问。为了减少朋友们的麻烦，五年中，他深居简出，几乎经常处于极其孤独的境况中。

　　妻子蒋英默默地关心着丈夫，为丈夫分担精神的重负。为了保证丈夫和孩子的安全，她辞掉了佣人，承担起买菜、做饭、照料孩子等繁重家务。自己音乐方面的钻研因此受到影响，但她从不抱怨。钱学森看着妻子整日忙忙碌碌，精神紧张，感到非常难过，归国的愿望日益强烈。

在那漫长的黑暗的日子里，钱学森从未停止过他的抗争。压力越大，他的脊梁挺得越直。面对联邦调查局的无理责难，他总是横眉冷对，愤然反击。

祖国没有忘记他。还是在他刚刚解禁时，南京市的科学家潘菽等169人联名致电联合国秘书长赖伊、美国总统杜鲁门，要求立即恢复钱学森、赵忠尧等人的自由。同一天，广州市的科学工作者侯过等1675人分别致电联合国大会主席安迪让和美国总统杜鲁门，强烈抗议美国政府无理拘留钱学森等人。一个月后，北京大学教授曾昭抡等48人，致电当时正在华沙开会的第二届世界保卫和平大会，请大会主持正义，制止美国政府对无辜科学家的迫害。

祖国人民的热情关怀和美国政府的无端迫害形成了鲜明的对比，钱学森和妻子蒋英更加坚定了斗争下去的决心。

钱学森继续从事科学研究。同事们都被他的勇气和毅力深深感动了。为了能够尽快回到祖到，钱学森改变自己的研究方向，他选择了工程控制论，并以极大的热情和勇气投入到这项新的研究工作中。

钱学森所遭遇的挫折，他所面对的重重困境，简直使常人无法想象。他虽然不断地被叫去问话、汇报；不断地遭到训斥、侮辱，但他依然乐观、坦荡地生活着。在他的内心深处，有一个温暖的角落，正生生不息地燃烧着爱的火焰，这就是，他爱祖国，爱祖国人民，有这一切在身背后支撑着他，在前面召唤着他，使他永远不会在强权面前屈服、畏缩。

虽然美国当局想尽一切办法责难、迫害钱学森。但仍然有很多美国朋友冒着受连的风险，关心、支持、帮助钱学森。

在写作关于工程控制论的书稿时，钱学森始终和加州理工学院的马勃博士、德普利马博士保持着密切的来往。在谈话中，钱学森往往能受到很大启发，使他的迷雾蓦然消散，心境豁然开朗。这些患难中的挚友，对钱学森受伤的心灵是一剂最珍贵的良药。

1954年，钱学森用英文写成的《工程控制论》第一版在美国发表了。这部著作共30多万字，内容全面、准确，系统而有条理。10年前，美国科学家维纳首先提出了控制论的基本思想。钱学森在此基础上，总结了当时工程实践经验，概括成一般理论，从而完成了《工程控制论》一书，创建了一门崭新的技术科学。

尽管工作环境极其恶劣，钱学森对自己的要求仍然很严格。遇到难题，从不放过、敷衍了事，而是苦心求证、反复修改。他的研究工作不仅为这一新技术的发展奠定了基础，而且开拓了往后的研究方向。

1954年9月初的一天，在加州理工学院学习的中国留学生郑哲敏叩响了钱学森的房门。他要回国内去参加建设，临行前，特意来向老师辞别。

钱学森看着踌躇满志、归心似箭的学生，心潮起伏。自己从决定回国到现在，已经历了太多的磨难，多少辛酸愁苦只有自己默默吞咽；只愿这一切能早点儿结束，重新生活在自由的天空下，尽情地发挥自己的才能。

蒋英也热心地和郑哲敏谈论国内的情形，并盛情请他共进晚餐。钱学森亲自下厨房，做了他最拿手的北京烤鸭，然后全家人围坐在一起，为郑哲敏饯行。

6岁的永刚和3岁的永真已经能用流利的英语讲话了。他们兴高采烈地问这儿问那儿，一刻也不闲着。钱学森受可爱儿子和女儿的感染，心情轻松畅快，他举起酒杯，笑容满面地对郑哲敏说：

　　"哲敏，我现在是连做梦都想着回国的事，也不知道祖国的变化有多大。你回国后，要宣传两件事。一是运筹学，你可以同清华大学的钱伟长教授说一说，美国的这项研究也刚刚起步，我们祖国正在大力加强建设，在科学管理方面，运筹学起着很重要的作用。二是要讲讲力学对国民经济发展的作用。例如流体力学是马上能够用到的，很多工厂需要解决管道问题，如油管、水管等。"

　　说到这儿，钱学森停顿了一下，他望了望窗外迷朦的夜色，脸上露出一种悠然神往的表情。过了一会儿，他又接着说：

　　"我们国家虽然现在还很穷、很落后，但我相信，只要把科学技术和生产实践很好地结合起来，不久的将来，新中国一定会成为强国屹立于世界民族之林。"

　　郑哲敏激动异常，他自豪地说：

　　"老师，您说得太好了，这正是我们大家埋藏已久的心声啊！相信这一愿望很快就会变成现实。我们会在国内期待着您早日归来。只要所有热爱我们伟大祖国的同胞，紧握住血脉相通的双手，那么，我们就能够战胜任何困难，以坚定的步伐走向美好的明天。"

　　郑哲敏回国后，钱学森更加关注国内的建设情况。

他认真阅读所有关于新中国成立后建设事业发展的报道。《大公报》、《华侨日报》等报刊上的重要消息，都被他用红笔勾了出来，有的旁边还加了感想和意见。

在钱学森的办公桌上，还堆放着厚厚的《资本论》、《自然辩证法》等马克思主义的经典著作。他要在钻研工程技术之余，用最先进的理论武装自己，使思想跟上祖国飞速发展的形势。在科学研究中，他自觉地运用辩证唯物主义的方法作为指导。

太平洋迢迢万里，割不断游子的思乡之情。钱学森一个人站在窗前，看着花瓣在秋风中飘零，他的心灵无法安定。遥望东方，山峦重叠，天色茫茫，他归心似箭。

日内瓦一场没有硝烟的战争

1955年，是钱学森人生的一大转折点。

6月，热风扑面。帕萨迪纳的阳光白亮耀眼，给人添了许多烦躁。

在冯卡门的回忆录中这样描述钱学森的状态：对他来说，这是一种屈辱，他从来没有放弃返回中国的打算，他认为中国在真正营救他，只有回到祖国，他才会得到应有的尊重。

一个意外的机会降临了。1955年的夏天，一位中国餐馆的伙计提着一篮菜前往钱学森的住地。他离开后，钱学森在菜篮里发现了一本中国画报，里面报道了中国庆祝五一劳动节的盛况，期中一张照片引起了钱学森的注意，在天安门城楼的国家领导人中间，他发现了一位熟人——当时全国人大常委会的副委员长陈叔通，他是钱学森父亲的老师。钱学森异常高兴，决定写信给陈叔通说明当时情况，与毛主席联系，希望中国政府干涉营救回国。

在这封求救信中，钱学森写道：被美国政府拘禁，今已五年，无一日一时一刻不思归国参加伟大的建设……信写完后，钱学森的妻子蒋英模仿孩子的笔记，写上蒋英在比利时久居的妹妹的地址。聪慧机智的蒋英到离家较远的黑人超市买菜，将信投进超市信箱，居然躲过特务的眼睛。信顺利寄达比利时，蒋英妹妹立即将收到的信寄给钱学森的父亲。

陈叔通在收到钱学森父亲转来的求救信后，随即送往中南海，放在了时任中国国务院总理周恩来的办公桌上。周总理看完信后，脸上的表情变得极其严肃，他对自己的同胞在异国遭受非人的待遇，感到非常愤怒，但他想，有了这封信，在日内瓦会谈中，我们就一定可以占优势。周总理想到这儿，立刻站起来，找到外交部的一位工作人员，把钱学森的信递给他，然后郑重地说：

"请你马上把这封信送给王炳南大使，并转达我的意见，请王炳南同志在适当的时机，以此铁证对美方代表的无耻谎言予以坚决回击。会谈一定要争得最后的胜利。"

其实，我国与美国关于平民回国问题，早在1954年4月26日在日内瓦召开的印支国际会议上，就已经开始了实质性的接触。当时，周恩来总理亲自率代表团出席会议。

接到周总理指示后，中国代表团秘书长王炳南与美国代表团负责人亚·约翰逊分别代表中美两国政府就平民回国问题进行了多次接触。王炳南严肃指出：美国正在阻挠许多旅居美国的中国人返回自己的祖国，其中包括著名科学家钱学森。

约翰逊并不接受这项指责，他振振有词地辩解说：

"在朝鲜战争期间，我国政府曾根据1918年的立法条文发布命令，凡是在美国受过像火箭、原子能以及武器设计这一类教育的中国人不准离开美国。因为他们的才能有可能被利用来反对在朝鲜的联合国武装部队。"

接触不断进行，17次之后，仍没有取得积极的进展。

1955年8月，下午4时，中美两国在日内瓦的联合国大楼举行了大使级会谈。会谈开始后，王炳南大使首先发言，他注视着约翰逊，不卑不亢地说：

"大使先生：在我们开始讨论之前，我奉命通知你下述消息。中国政府在7月31日按照中国的法律程序，决定提前释放阿诺德等11名美国飞行员。他们已经在7月31日离开北京，估计在8月4日可以到达香港。我希望，中国政府所采取的这个措施，将对我们的会谈起到有利的影响。"

但事实上，情况并没有明显好转。第二天，王炳南大使把在中国的美侨总名单提交给美国方面后，美方却一直没有相应地把在美国的中国人名单交给我方。

这一天，在历时一个多小时的会谈中，美方代表约翰逊大使一再声称美国国务院已经在4个月前发表公告，取消了过去扣留中国留学生的条例。约翰逊还信誓旦旦地向王炳南大使保证说：

"大使先生，请您相信，我国政府对任何想去共产党中国的中国人都不加任何限制，所有以前被命令留在美国的贵国技术人员已经得到通知可以自由离境。"

"那么，大使先生，我请教您一个问题，既然美国政府早在今年4月间就发表了公告，为什么中国科学家钱学森博士还在6月间写信给中国政府请求帮助回国呢？显然，中国留美人员要求回国依然遭受种种阻挠。"

约翰逊在事实面前无言以对。钱学森的信和周总理的指示，为我国代表在日内瓦会谈中取得了主动权。美国政府迫于压力，不得不在8月4日，即中美两国大使级会谈第三次会议的当天，匆忙通知钱学森可以离美回国。

美国国际合众社记者曾这样评述此事：

"1950年，在钱被捕前不久，他曾打算离开美国。然而，在到达檀香山后，他被捕了，并在这以后被拘留了5年，直到艾森豪威尔政府认为他脱离国防事务已久，不再对美国构成危险。"

1955年，钱获准回国。与此同时，中国方面释放了在朝鲜战争期间俘获的11名美国飞行员。美国国务院官员一直否认这是某种交换。

9月10日，日内瓦会谈举行第14次会议，两国大使终于就双方平民回国问题达成了协议，并发表了一项共同声明。这项声明是1972年周恩来总理和尼克松总统签署上海公报之前中美两国之间达成的唯一正式协议。

周总理对这次会谈取得的成果感到非常满意。他在一次会议上指出："要回来一个钱学森，就是这一件事情，会谈也是值得的，会谈是有价值的。"

经过5年漫长、艰苦的斗争，1955年9月17日，钱学森和他的家人终于踏上了归国之路。克利夫兰总统号轮船平稳地行驶在太平洋洋面上。

钱学森坐在三等舱中，静静地回忆离美前的最后一幕。

当他接到美国政府准许离境的通知后，马上到轮船公司订购船票。工作人员告诉他这一班船上只剩有三等舱的票了，钱学森毫不犹豫地掏出钱，递过去，同时急促地说：

"没关系，就三等舱好了，只要有票就行"。

那个售票的美国人抬头看了看面前站着的这个焦急中隐藏着喜悦的中国人，很不理解地把票递了过来。

回国的巨大欢欣鼓舞着钱学森一家人，他们根本不去顾及旅途的艰苦。只要能回到祖国，远涉重洋的艰苦又算得了什么呢，他们在这里已经是一天也不愿待下去了。

启程前一天，美国合众国际社记者专程赶到船上采访钱学森。第二天，世界上一些国家和地区的主要报刊均在显著位置刊登了合众社关于钱学森返回中国内地的电讯。

与钱学森同船回国的还有一批滞留美国的留学生。在船上，大家兴致勃勃地讨论着归国后的打算，对新中国的科技事业发展表现出极大的信心和责任感。船上的中国留学生还组织了一个"18学会"。该学会在启程的第三天就印制出了一份《克利夫兰轮第60次航行归国同学录》。

一位从事数学研究的同学对钱学森特别注意。有一天，他发现钱学森不管周围的环境多么嘈杂，仍然能抓紧时间聚精会神地读书，忍不住由衷地赞叹了一句：

"钱先生，您真不愧是一位献身科学的人！"

钱学森抬起头，看到了一张充满敬意的笑脸，他谦逊地笑了：

"也没什么事，想多看点儿书。不知道您是从事哪方面研究工作的？"

当钱学森得知站在自己面前的这位名叫许国志，正在从事数学研究时，忙放下手里的书，和他滔滔不绝地谈起运筹学来。

轮船行驶到日本横滨时，暂时靠岸，船上的人纷纷上岸游览、购物，有人引诱钱学森一家下船买东西。因为钱学森如果在日本遭枪杀，美国不负责任。但在此前，陈叔通已经打电报给钱学森的父亲，叮嘱钱学森沿途勿登岸。钱学森一家人没有离船，只希望能尽快地安全地回国，中途不要再生任何波折、变故。

第二天，克利夫兰号又继续向前行驶了。越是接近祖国大陆，钱学森的心情越无法平静。多少悲欢、恩怨留在背后，抬头注视前方，洋面上波澜起伏，壮阔中隐隐露出缕缕雾气，钱学森感到自己的心也随之湿润了起来。

1955年10月1日，中国人民迎来了"第6个国庆"。这一天，举国同庆，一片欢腾。"克利夫兰总统号"依然在茫茫海面上颠簸。船上的"同学会"也在积极筹备着国庆纪念活动，每个中国留学生的脸上都充满了幸福与自豪。

吃过早饭，钱学森神采奕奕地来到休息室。在这里将要举行一个别有意义的庆祝会，钱学森应邀在会上发言。

会场上，悬挂着一面同学们亲自动手精心制作的五星红旗，鲜艳的色彩，把气氛渲染得格外热烈。围坐在一起的中国留学生，凝神体会这一瞬间的感动和震撼。钱学森眼里闪动着晶莹的光芒。他的声音深沉有力，同学们受到感染，请求钱学森为大家介绍一下国内的建设情况。钱学森就把自己在美国收集到的有关资料详细地讲述了一番。然后，他又非常恳切地说：

"祖国一些机关的领导干部都是身经百战的老同志，他们为祖国解放牺牲了个人的一切，其功绩如日月光辉，永远普照后人。我们回国以后，一定要尊重这些老同志，虚心接受他们的领导，和他们搞好合作。"

停顿了一下，钱学森又接着说：

"我们的祖国正处在百废待兴的建设时期，迫切需要各方面的人才。我们在国外学习了这么久，回国后，相信每个人的才智都会大有用武之地，我们一定要尽己所能，努力工作。"

他的发言赢得了长时间热烈的掌声。接着，又有一些同学相继发言，大家畅述雄心壮志，座谈会开得很热烈。

第二天，"同学会"又商拟了一份关于声讨美国政府迫害要求回国的中国科学家的书面声明，准备到达香港后向报界散发。声明起草完毕，中国留学生代表找到美国船方工作人员，要求用中文打印若干份，但遭到无理拒绝。

钱学森是这项活动的领导者和积极参与者。他听到这一消息后，马上找美方人员交涉，并鼓励全体中国乘客与之斗争。在正义的谴责和群众的压力下，美国船方不得不同意了"同学会"的要求。

轮船经过20天的海上航行，终于到达了香港。在候车室等候火车时，一群记者围住了钱学森，闪光灯不停地闪烁，钱学森一脸的平静从容。当有记者问起他在美国是否经常受人监视时，钱学森只简单地答了一句：

"有没有监视我，只有美国人才知道。"

"那么，钱先生，您在美国时，行动受到限制的原因是什么呢？"又一个记者问道。

"什么原因，请你去问美国政府吧。"钱学森眼底掠过一丝不易察觉的愤怒和苦涩，但转瞬即逝，又恢复了他特有的安详。

另一位记者挤过来问：

"钱先生，请问你在原子能方面的著作能不能带出来？"

"我想你的情报不准确，我跟原子能毫无关系。"

接着，一位记者用英语提问，钱学森郑重地说："回到祖国，我要说中国话。"

离开香港前，钱学森等24人对港报发表了书面谈话：

"今天，我们重新踏上祖国的土地，觉得无限地愉快和兴奋。过去四五年来，因为美国政府无理的羁留，归国无期，天天在焦虑和气愤中过活。现在靠了我国政府在外交上严正有力的支持，和世界主持正义人士在舆论上的援助，我们才能安然返回祖国。谨向我国政府和所有帮助我们的人致谢。"

1955年10月8日上午11点25分，钱学森一家和同行的30多位中国留学生乘火车离开尖沙咀，经过罗湖，踏上了祖国大陆。

中国航天科技的奠基人

　　进入国境后，钱学森一家人见到了科学院派来接他们的朱兆祥，感受到党和政府无微不至的关怀。到达广州后，广东省委书记陶铸亲切地会见了钱学森，并详细询问了他和家人的身体和其他方面情况。第二天，陶书记派专人陪同钱学森一家人在广州参观。

　　参观了广州之后，钱学森和家人乘车北上。列车一路飞驶，车窗外的景物是一闪而过，却在钱学森心中留下了难忘的印象。经过上海、杭州时，永刚、永真两个孩子吵着要父亲讲讲家乡的故事，钱学森愉快地答应了。蒋英在一边看着父子三人聊得热闹，脸上不由得露出了轻松的笑容。很快，她也兴致勃勃地加入了谈话，一家人在说说笑笑之中穿越着祖国大地。

列车驶入北京车站。第二天清晨，钱学森就和妻子蒋英带着两个孩子来到了他们在异国朝思暮想的天安门广场。广场气势恢宏，庄严肃穆。他来到天安门城楼，抚摸着汉白玉栏杆，感受着凉爽的秋风，钱学森以睿智的目光观察着这变化中的一切。

不久，中央领导安排钱学森到东北参观。看着农民热火朝天的劳动场面，听着农民发自内心的朗声大笑，钱学森感到一种鼓舞，一种净化。他觉得自己的心胸，在面对广袤的东北平原时，变得更加开阔；自己的信念，在面对为建设美好的新生活而大步向前的农民们时，变得更加清晰、坚定。

接着，钱学森又参观了一些工厂。虽然工厂的规模不算大，技术力量也比较薄弱，但是工人的干劲使钱学森钦佩不已。短短的几天，他走了很多地方，贫穷、落后依然折磨着刚刚摆脱旧社会的黑暗统治的人民，但是几乎所有人脸上都绽放出了笑容，他们相信明天的生活更加美好。

钱学森参观的重点是飞机厂。在工厂里，他认真地走访每一个车间，找了一些技术人员和有经验的老工人谈话，询问近期飞机生产制造的有关情况，尤其是技术上存在的问题。技术员和一些很有才能的工程师，知道钱学森在美国研究了20年空气动力学和喷气推进技术，又专门研究过工程控制论后，纷纷前来向他请教。钱学森环视着围在自己身边的一张张诚恳的笑脸，一双双期待的眼睛，忽然有了一种不能推卸的责任感，他暗想：未来的路正长，自己肩上的担子很沉重，也很神圣。

几天后，钱学森在哈尔滨参观了中国人民解放军军事工程学院。院长陈赓大将专程从北京赶回哈尔滨，会见了钱学森。

两个人一见面，陈赓大将马上豪爽地问：

"钱先生，咱们中国人搞导弹行不行？"

"外国人能干的，中国人为什么不能干？"钱学森话语中充满了身为中国人的自豪和自信。

"好！钱先生，我就等着你这句话呢！"陈赓大将握住钱学森的手，用力地摇了又摇。

这次谈话，决定了钱学森从事火箭、导弹和航天事业的生涯。从东北回到北京，首都已是初冬景象。微微寒意迎面而来，钱学森心中满载祖国欣欣向荣的美景，热情潮涌，完全感觉不到冬寒。

11月，中国科学院委托钱学森和钱伟长合作筹建中国科学院力学研究所。两个人在一起认真、细致地研究了有关事宜，做了大量筹备工作。

1956年新春伊始，空中飘着鹅毛大雪。纷纷扬扬的雪花织成了一幅天地浑然一色的纯净画面，预示着又是一个充满希望之年。

1月5日，力学研究所在式成立。钱学森被推举任命为第一任所长。接着，在他的积极倡议下，又成立了中国应用与理论力学学会。钱学森被一致推举为第一任理事长。后来，钱学森又担任中国力学学会第一任理事长。

钱学森的工作越来越忙了，连春节都不能好好休息几天。蒋英非常支持丈夫为党和人民所做的工作，但也常常劝他注意身体。

1956年初春，钱学森应邀出席中国人民政治协商会议第二届全国委员会第二次全体会议，并在会上发言。2月1日晚上，毛泽东设宴招待全体委员，并特意安排钱学森和自己坐在一起。钱学森看着主席亲切的目光，听着主席关怀的问话，不觉中感动得热泪盈眶。主席和他从力学研究所谈起，谈到国际、科技各项事业正待发展时，毛主席语重心长地说：

　　"钱先生，你们回到国内，生活条件一定很差，在这样的环境中搞科研、搞建设，真是难能可贵，我们国家现在还很贫穷、落后，需要大家共同努力啊！"

　　"主席，您放心，我们回来是为了为祖国和人民贡献力量，不是贪图享受。祖国的发展形势使我深受鼓舞。我愿意尽己所能为我国科学技术进步打好基础。"

　　钱学森从这次会谈中获得了无穷的力量，主席的信任、祖国和人民的重托使他感到又年轻了很多，少年时的壮志，青年时的豪情，重新在他心头回响、激荡。他几乎一刻也闲不住，一头扑进了繁重、艰苦的开创工作中。

　　春风吹拂着大江南北的山川景物，首都又披上嫩绿的新装，千年古城焕发出少女般的青春活力。新中国仿佛一串跳动的音符，刚刚跃上琴键，正等待勤奋智慧的双手，奏出和谐、欢快、美好的乐曲！

　　在周总理的领导下，几百名科技专家共同制订了新中国第一个远大的规划——《1956至1967年科学技术发展远景规划纲要》，确定了57项国家重点科学技术任务。钱学森主持完成了第37项《喷气和火箭技术的建立》。合作者有王弼、沈元、任新民等人。他们在这项重要科学技术任务的说明书中指出：

　　"喷气和火箭技术是现代国防事业的两个主要方面：一方面是喷气式飞机，一方面是导弹。没有这两种技术，就没有现代的航空，就没有现代的国防。建立喷气和导弹技术，民用航空方面的科学技术问题也就不难解决"。

　　"本任务的预期结果是建立并发展喷气和火箭技术，以便在12年内使我国喷气和火箭技术走上独立发展的道路，并接近世界先进科学技术水平，以满足国防需要。"

　　2月17日，在周恩来总理的鼓励下，作为一个刚刚回到祖国怀抱的科学家，钱学森以极大的热情和责任感，给国务院写了关于《建立我国国防航空工业的意见书》，引起了中央领导的高度重视。

　　3月14日，周恩来总理亲自主持中央军委会议。会上研究决定由周总理和聂荣臻元帅以及钱学森等人筹备组建导弹航空科学研究的领导机构——航空工业委员会。4月13日，委员会正式成立，聂荣臻元帅任主任，钱学森被任命为委员。

　　5月10日，聂荣臻元帅提出《关于建设我国导弹研究工作的初步意见》，并且建议在航空工业委员会下设立导弹管理局，由钱学森担任总工程师；建议建立导弹研究院，由钱学森任院长。

很快，钱学森受命负责组建我国第一个火箭、导弹研究院——国防部第五研究院。

10月8日，正是钱学森归国一周年的日子。这一天，他心情格外激动，回想起360多个日日夜夜，多少希望、多少激情和多少殷切的目光交汇在一起，催促着他奋进。

同一天，聂荣臻元帅亲自主持了第五研究院的成立仪式。这一天也是新中国156名大学毕业生接受导弹专业教育的开课纪念日。钱学森重新登上讲坛，主讲《导弹概论》。

离1942年在加州理工学院喷气技术训练班授课已有14个年头了。钱学森站在讲台上，面对着一张张年轻、充满朝气的脸庞，他为自己能在祖国培养新中国第一批火箭、导弹技术人才感到极其欣慰。这批受训的大学生，后来大都成为我国火箭、导弹与航天技术队伍的骨干。

1957年2月18日，周恩来总理签署国务院令，任命钱学森为国防部第五研究院第一任院长。从此，在周恩来总理、聂荣臻元帅直接领导下，钱学森开始了作为新中国火箭、导弹和航天事业技术领导人的长期历程。

1957年春末，钱学森的著作《工程控制论》获中国科学院自然科学奖一等奖，同时钱学森被补选为中国科学院学部委员。这一年的6月，中国自动化学会筹备委员会在北京成立，钱学森任主任委员。9月，国际自动控制联合会成立大会推举钱学森为第一届理事会常务理事。

11月16日，周恩来总理任命钱学森兼任国防部第五研究院一分院院长。繁重的工作任务，经常使他日夜兼程，少有休息。祖国的未来，在他心中像一幅壮美的长卷，他乐于在上面泼墨山水、写意人生，将梦想化作光辉的现实。

1958年5月29日，聂荣臻元帅同黄克诚、钱学森一起部署了我国第一枚近程导弹的制造工作，为我国国防事业揭开了崭新的一页。

1960年11月5日，甘肃酒泉火箭发射场笼罩着一种严肃、紧张的气氛。工作人员秩序井然地忙碌着，每个人脸上的表情都十分凝重。

在总指挥室里，聂元帅高大的身影使周围的人更增添了一份信心。以张爱萍将军为主任，孙继先、钱学森、王诤为副主任组成的试验委员会，将在这里组织进行我国独立制造的第一枚近程导弹的飞行试验。

预定的发射时间一分一秒地临近了。人们已经做好了全部准备工作，为确保首次发射成功，工作人员反复地检查各个程序。所有人都屏息凝气，等待最后时刻的到来。

"3秒，2秒，1秒，点火！"导弹在空中划出一道优美的弧线，准确地落到预定位置。"成功了！"发射场上，顿时一片欢腾。"成功了！""成功了！"人们激动的欢呼声直冲云霄。

聂荣臻元帅紧紧地握住钱学森的双手，良久无言。为共和国南征北战，出生入死的大元帅，流下了两行激动的热泪。

钱学森抬头远眺，发射场四周天空烟云浩渺，莽莽苍苍之中蕴蓄着无穷的生命动力，清风鸟鸣诉说着无限的惊奇。钱学森同样无法自抑地落下泪来。

在庆祝导弹发射成功的宴会上，聂荣臻元帅致祝酒词，他的话简短有力，振奋人心：

"在我们祖国的地平线上，飞起了我国自己制造的第一枚导弹，这是我国军事装备史上一个极为重要的转折点。相信，只要我们不断努力，一定可以赶上世界最先进水平，总有一天，我们可以赶上世界最先进水平，总有一天，我们可以向全世界证明，中国人不比任何人差，中国不比任何国家落后！"

1964年6月29日，我国第一个自行设计的中近程导弹进行飞行试验获得成功。两年后，中华人民共和国迎来了国防史上最重要的一天。

遵照周恩来总理"严肃认真、周到细致、稳妥可靠、万无一失"的指示，钱学森协助聂荣臻元帅，在酒泉发射场直接领导用中近程导弹运载原子弹的"两弹结合"飞行试验。

比起6年前发射第一枚导弹的试验，这一次，酒泉的气氛显得更加紧张。试验前，各项准备工作全部就绪。钱学森相当冷静地检查着每个环节，又重新核对了所有数据。发射现场看不到一个闲人，工作人员坚守在各自的岗位上，全神贯注，不敢有一丝一毫的疏忽。

很快，发射时间到了，点火装置工作正常，导弹运载着原子弹高速飞行，人们盯着计算机屏幕上那个小小的亮点，一颗颗心都提到了嗓子眼。导弹飞行正常，原子弹在预定的距离和高度实现核爆炸。

被巨大的喜悦冲击着的人们，看着那一团清晰的蘑菇云腾空而起，猛烈的爆炸声震撼山谷，震撼着所有工作人员的心，也震惊了全世界。

这次史无前例的试验获得成功，标志着中国开始有了用于自卫的导弹核武器，也标志着《1956年至1967年科学技术发展远景规划纲要》中规定的"1963－1967在本国研究工作的指导下，独立进行设计和制造国防上需要的、达到当时先进性能指标的导弹"这一任务的提前完成。

第二天，即1966年10月28日的《纽约时报》，在显著位置报道了这一重大事件：

"一位15年中在美国接受教育、培养、鼓励，并成为科学界名流的人，负责了这项试验，这是对冷战历史的一个极大的嘲弄。1950年至1955年的5年中，美国政府成为这位科学家的迫害者，将他视为异己的共产党分子予以拘捕，并试图改变他的思想，违背他的意愿滞留他，最后才放逐他出境，回到自己的祖国。"

人造卫星研制者之一

　　早在1953年，钱学森就已开始研究星际航行理论的可行性。对于星际航行的重大意义有相当深刻的认识。

　　在他回到祖国后的第三年，中国科学院任命他为组长，赵九章和卫一清为副组长的领导小组，负责筹建制造人造卫星、运载火箭、卫星探测仪器等的设计研究机构。

　　这项研究在美国和苏联早已开始，并已取得了重大成果。1957年10月4日，苏联发射了第一颗人造地球卫星，这表明人类在向太空发展、认识自然、征服自然的漫长旅途中，又迈出了可喜的一步。人造地球卫星的巨大开发利用价值吸引着世界各国；在这一领域中有所突破，也是所有从事航空航天研究的科学家的共同心愿。

1961年6月，在钱学森、赵九章和卫一清等人的倡导下，中国科学院举办了持续12次的星际航行座谈会，钱学森在第一次座谈会上发表了题为人《今天苏联及美国星际航行火箭动力及其展望》的讲演。

两年后，中国科学院成立了由竺可桢、裴丽生、钱学森、赵九章领导的星际航行委员会，负责组织制订星际航行发展规划，安排预先研究课题。这一时期，钱学森还担任中国科技大学近代力学系主任，讲授星际航行概论和物理力学。

永刚和永真两个孩子都已经读中学了。他们非常希望父亲能有时间休息一下，一家人在一起轻轻松松地玩几天。可是，没有一个星期天能看见父亲的身影。他们记忆中最清晰的一页是深夜父亲伏案疾书的后背，柔和的灯光勾勒出一座不甘寂寞和平庸的雕像……

1965年1月8日，钱学森正式向国家提出报告，建议早日制订我国人造卫星的研究计划，并列入国家任务。钱学森明确指出：

自从苏联发射第一颗人造地球卫星以来，中国科学院及原第五研究院对这项新技术就已有所考虑，但未作为研制任务。现在看来，人造卫星有以下几种已经明确的用途：测地卫星，通讯及广播卫星，预警卫星，气象卫星，导航卫星，侦察卫星。至于重量更大的载人卫星在国际上的应用，现在虽然还不十分明确，也应该有所准备。

"现在，我国弹道式导弹已有一定的基础，现有型号进一步发展，就能够发射100千克左右重量的仪器卫星。这些工作是复杂而艰巨的，必须及早开展有关的研究和研制工作，到时候才能拿出东西来。因此，建议国家早日制定人造卫星的研究计划，列入国家任务，促进这项重大国防科学技术的发展。"

聂荣臻元帅很重视钱学森的建议，指示"只要力量上可能，就要积极去搞。"

4月29日，国防科委向中央专门委员会报告了邀请张劲夫、钱学森、孙俊人及国防科委、国防工办专业局的负责同志和专家进行研究的结果，提出了在1970年或1971年发射我国重量为100千克左右的第一颗人造地球卫星的设想。

5月4日、5日，8月9日、10日，中央专门委员会分别召开了第12次会议和第13次会议。原则上批准了我国第一颗人造卫星的规划方案，以及争取在1970年左右发射我国第一颗人造卫星的设想。钱学森又开始全身心地投入到这项艰巨而意义重大的工作中去。他的聪明才智为人造卫星研制计划解决了很多关键的技术问题，包括第一颗人造卫星的运载火箭——"长征一号"。

1966年6月下旬，为解决滑行段喷管控制问题，研究人员进行了多次滑行段晃动半实物仿真试验。在试验中，反复出现晃动幅值达几千米的异常现象。钱学森来到实验现场，经过仔细的观察分析和计算，并与有关技术人员进行认真的讨论，然后得出结论：

"这一现象在近于失重的状态下产生，原晃动模型已不成立，此时流体已呈粉末状态，不影响飞行。"

后来多次飞行试验表明，这个结论完全正确。

这一年，一场令历史不忍记述的浩劫，毁掉了很多珍贵的东西，刺痛了许多流淌着热血的心。

为了保证人造卫星研制计划能够在混乱中正常进行，钱学森协助周恩来总理做好领导工作，发挥了特殊的作用。由于动乱，"长征一号"试车工作一直无法进行，同志们都十分焦急。

1969年7月17日、18日、19日和25日，周恩来总理连续4次召开会议，解决二级和三级地面试车问题，委派钱学森协同七机部军管会副主任杨国宇全权处理有关试车事宜。又经过近一个月的紧张筹备，8月22日，"长征一号"试车终于取得成功。

这一年，刚好是钱学森入党10周年。10年前，经杜润生、杨刚毅介绍，回国不久的钱学森光荣地加入了中国共产党。此时此刻，他回想起那激动人心的一幕，心情仍久久不能平静。

1970年春，在周总理的直接关怀下，钱学森、李福泽、杨国宇、任新民、戚发轫等在酒泉卫星发射场，组织实施了第一颗人造卫星的发射工作。

4月24日，重量为173千克的我国第一颗人造卫星发射成功。钱学森和发射基地的领导以及试验小组的代表，分别在现场发表了热情洋溢的讲话。

"五一"节晚上，毛泽东主席、周恩来总理在天安门城楼接见了钱学森、任新民等参加第一颗卫星研制工程的代表。看着广场上点点灯火，感受着扑面而来的春风，一股暖流在钱学森心中流成了一首奉献的歌，流成了一条淙淙不息的生命的河！

第一颗卫星向全世界播放的《东方红》乐曲，伴随着初升的太阳，宣告新中国迎来了航天时代的黎明。

拒去美国

钱学森从20世纪60年代起一直是国防科技事业的领导人之一，他推动了新中国国防现代化的进程，为20世纪中国成为独立自主的世界大国，贡献了自己卓越的功绩。

1965年2月15日，钱学森被任命为第七机械工业部副部长；1968年兼任中国空间研究院第一任院长；1970年6月12日，开始担任国防科学技术委员会副主任；1982年，担任国防科学技术工业委员会科学技术委员会副主任。钱学森还是中国共产党第九、第十、第十一、第十二届全国代表大会代表和中央委员会候补委员。1986年4月11日，中国人民政治协商会议六届四次全国委员会增选钱学森为副主席。两个月后，在中国科协第三次全国代表大会上，代表们一致选举钱学森为中国科协主席。

钱学森领导着全国科技人员，在祖国富强的道路上，一步一个脚印踏踏实实地前进着。他的工作成就赢得了全国人民的崇敬和热爱。大洋彼岸的美国人，也是时刻不忘这位被他们迫害回国的卓越的科学家。

在庆祝冯·卡门先生75岁生日的日子，钱学森曾给尊敬的老师写过一封意味深长的信，信的末尾写道：

"在这个世界上，冯·卡门先生，您创造的财富使您成为一个受人尊敬的人。我希望，通过科学家的贡献，促进人类生活的幸福、和平美好。这个声明作为我在您75岁寿辰的致词。"

同年12月1日，在北京隆重举行了"世界文化名人本杰明·富兰克林、皮埃尔·居里、玛丽·居里纪念会"。钱学森在会前写信给冯·卡门，热情邀请老师参加这一活动，但由于美国政府的干涉，卡门未能成行。

后来，冯·卡门曾邀请钱学森参加国际星际航空学会成立大会。钱学森在回信中，语气刻板、冷淡：

"如果台湾代表也被邀请，那么我就不能出席，因为在我心中，中国只有一个。"

此后，钱学森中断了与美国的联系。直到冯·卡门先生逝世，师生二人也未能见上一面。钱学森在唁电中说：

"我深为遗憾地获悉冯·卡门先生去世的消息。但是，我认为他作为一个杰出的科学家，将长久地活在我们心中。我们更加欣慰地看到，他对科学的贡献得到了不同社会制度的世界各国人民的承认。"

1979年，加州理工学院授予钱学森"杰出校友奖"。虽然他很怀念那个工作、生活了很多年的美丽的校园，但仍然拒绝前去领奖。

1980年5月18日上午，我国成功地向太平洋预定海域发射了第一枚运载火箭。两天后，美国合众国际社向全球播发了一篇专稿。记者罗伯特·克莱伯在题为《中国导弹之父——钱学森》一文中写道：

"本星期四，是钱事业中的又一个里程碑。在这一天，中国宣布，它将向新西兰和澳大利亚周围的海域发射一枚洲际弹道火箭。"

"正因为有了钱学森，使中国成为同苏联、美国一样能把核弹头发射到世界上任何一个地方的国家。"

1986年6月，南加州华人科学家工程师协会给钱学森授奖，他写信表示感谢，但婉言谢绝了去美国的邀请。

　　1989年6月29日，在美国纽约召开的1989年国际技术与技术交流大会授予钱学森"威拉德·W.F.小罗克韦尔奖章"和"世界级科学与工程名人"，"国际理工研究所名誉成员"的称号，表彰他对火箭、导弹技术、航天技术和系统工程理论作出的重大开拓性贡献。

　　会议主席在介绍钱学森的成就时说：

　　"钱学森作为加州理工学院的学生时，冯·卡门教授就因为他在喷气推进和超声速飞机设计方面的才智，而对他特别宠爱。在有关火箭的设计研究工作中，为发展喷气推进，他引入了钱学森公式。钱学森长期担任中国先驱的火箭和航天计划的技术领导人。他对航天技术、系统科学和系统工程做出了巨大的和开拓性的贡献。"

　　钱学森虽然对美国人民，对美国科学家同行怀着十分友好的情感，但他仍然拒绝去领奖。

　　关于钱学森此生再也不肯踏上美国国土的原因，他的一位美国朋友曾向我国国务院的领导人提起过：

　　"在美国移民局的案件中，钱当初可能算是驱逐出境的，因此必须有某种特赦的手续才能入境。这就是必须要你和大使出面的地方。真的这样做又得向美国政府求情，或是无形中承认他们当初的措施是对的。这一点在钱的心里必不满意。"

　　钱学森在1985年3月9日，写给我国国务院领导同志的一封信中，对这个问题作了十分坦诚的回答：

　　"我本人不宜去美国。……事实上我如现在去美国，将'证实'了许多完全错误的东西，这不是我应该做的事。例如，不是美国政府逼我回祖国的；早在1935年离开祖国以前，我就向上海交大同学、地下党员戴中孚同志保证学成回到祖国服务。我决定回国是我自己的事，从1949年就作了准备布置。……我认为这是大是大非的问题，我不能沉默。历史不容歪曲。"

　　钱学森在这个何去何从的大问题上，表现出了坚定的立场和品格。江泽民总书记称赞他具有"高度的民族自尊心、民族自信心和民族气节"。

老骥伏枥

　　1989年8月7日，中共中央总书记江泽民和国务院总理李鹏会见了钱学森，祝贺他获得1989年国际技术与技术交流大会授予的奖励和称号，认为"钱老获得这样的荣誉是当之无愧的。这不仅是钱老个人的光荣，也是中国的光荣，是中国科学技术工程人员的光荣"；钱学森的经历，"体现了一位中国知识分子所走过的曲折道路，也集中表现了中国知识分子的光辉品德"。

　　钱学森不仅热爱祖国、热爱工作，而且还是一位自觉的马克思主义者。他在给一位朋友的信中说：

　　"我近30年来一直在学习马克思主义哲学，并总是试图用马克思主义哲学指导我的工作。马克思主义哲学是智慧的源泉！而且一个马克思主义者是绝不会不爱人民的，绝不会不爱国的。"

钱学森提倡马克思主义哲学信仰、用马克思主义哲学指导科学研究，并用自己的科学成果不断丰富马克思主义哲学，这从他的书信中可以看出来。

在同中国科学院一位朋友的通信中，钱学森诚恳地写道：

"不知我们的社会科学家有没有专门研究中国知识分子历史的，即中国知识在历代社会的地位和作用。我想这个工作对实现四个现代化是个准备。"

"我认为一件正事是请你们考虑的中国知识分子史，用马克思主义哲学和历史唯物主义来写，指出中国知识分子的历程，及其在今后建设社会主义物质文明中的伟大历史任务。"

"因为我认为中国知识分子正在走向一个崭新的历史时代，从依附于统治阶级的一个阶层走向劳动人民的一部分，创造社会主义精神财富的劳动者，从而结束了几千年来的一贯状态。这不是值得大书特书的吗？历史上知识分子既不是像劳动人民那样受剥削压迫，也不是像统治者那样剥削压迫人，是一个阶层。知识分子这个阶层过去只能依附统治阶级才能生存，所以受统治阶级驱使控制，没有什么自由"。

"但这些都是非变不可的。……不把社会主义中国的知识分子作为创造社会主义精神财富的劳动者，那么四个现代化就不能实现。所以，中国知识分子走了几千年的老路已经走到了尽头，历史要创新了。"

"这样一部伟大的历史，你们不想写吗？你们听不到中国知识分子的自豪呼声吗？"

钱学森始终以高昂的热情，参与着这一伟大的历史创新过程，并集中代表了中国知识分子的优秀品格。丁毅高将军称赞钱学森是"爱国知识分子的典范"。

钱学森多年来一直坚持给来信求教的中青年科技工作者用工整的字迹亲笔回信，也一直用工整的亲笔信与许多科学家探讨问题、提炼思想。

在写给何祚庥的一封信中，钱学森提到：

"量子力学的哲学问题已经吵了50多年了，还没有解决，近来验证了贝尔不等式，问题更严重了。我认为我们中国的物理学家和哲学家应该投入这一研究，并比较满意地解决它，也在此过程中发展马克思主义哲学。"

　　不久，钱学森又给山西大学自然辩证法教研室的一位朋友写信，信中说：

　　"我向苏步青先生请教数学思想的发展。他说这个问题称元数学，有三派：一派是B·罗素的逻辑派，似只有逻辑家感兴趣；一派是L.E.J·布劳威尔的直感派，要求直接正面的显示，也遇到困难；一派是希尔伯特的悖论反证派，曾风行一时，但自30年代出了K·哥德尔的不完备定理，这派也垮了。他说，所以元数学的状况是不能令人满意的；我国数学界也没有人敢碰！我听了之后，心中感到非常开朗，这不是说元数学在等待着马克思主义哲学，等待着辩证唯物主义吗？"

　　钱学森在领导国防科技建设的同时，仍然时刻不忘科学研究，并且不断向新的领域探索。1988年，出版了他的《论人体科学》、《论系统工程》（增订本）。

　　钱学森本着对革命事业积极负责的精神，曾在1980年12月时，向原国防科委领导呈递了一份报告，报告中说：

　　"明年我将是70岁的人了，精力自然有限，而在导弹、卫星科学技术方面年富力强的科技干部大有人在，我理应让贤。所以我再次请求组织，让我明年退休"。

　　在这个报告中，钱学森还十分严肃负责地向组织推荐了可以接替他工作的人选。

虽然不再担任技术领导职务了，但钱学森仍积极思考，关心国家大事。改革开放给中国带来的美好发展前景，使他感到振奋、欣慰。同时，一旦他在国防科技工作直至整个国家科技工作方面有所发现，他就积极地向领导机关乃至向国务院提出建议。例如，他多次提出建立国民经济建设总体设计部的建议；还有关于对国家高科技研究发展计划的许多重要建议。

钱学森在20世纪80年代就曾说过：

"我作为一名中国的科技工作者，活着的目的就是为人民服务。如果人民最后对我一生所做的工作表示满意的话，那才是最高的奖赏。"

"一切成就归于党，归于集体。"关于导弹、航天技术方面，虽然他所取得的成就显著，功勋卓越，但在1982年，钱学森曾说过这样一段话：

"中国航天事业的成就是全国人民支持、千万辛勤劳动者和党、国家领导的结果，我个人不过适逢其会，做了一点点事；自己想来，也很内疚，因为做得太少了。"

一位多么谦逊、热诚、慈爱的老人啊！他的坦荡胸怀和高风亮节为我们这个时代，以及后来人点亮了高悬的明灯。

一场淅淅沥沥的小雨，润湿了干渴的大地，悄悄醒来的白杨绿柳，预示着又一个丰腴的春天，开始在人间播撒希望的种子。

已经80高龄的钱学森老人，每天依然坚持早起，吃过早饭后，坐在写字台前，翻阅当天的报纸。明媚的阳光穿窗而过，洒满整个房间，钱老脸上洋溢着温暖、慈爱的光辉。

关心国家大事，关注经济、科技建设，始终是钱学森思维的焦点。在过去的漫长岁月中，他很少想到自己，他把一颗心都交给了祖国和人民，提建议、培养青年科技工作者、指导国防科工委的工作。虽然再不能像年轻时那样东奔西走、日夜忙碌，但钱老从未安享清闲。

时光飞逝，1996年的冬天伴着纷扬的白雪飘飘而至。12月11日，晴空万里，微风徐徐，北京城显得格外清爽、整洁。

下午3时30分，钱学森家中来了两位特殊的客人。中共中央总书记、国家主席江泽民在中共中央政治局候补委员、书记处书记温家宝的陪同下，亲切看望这位为我国科技事业作出了杰出贡献的著名科学家。

虽然已是隆冬时节，钱老家中却春意盎然。客厅里，高大的巴西木绿妆纷披，如诗如画，茶几上一束鲜花色彩缤纷，馨香宜人。

墙上悬挂的"汉柏秦松骨气，商彝夏鼎精神"的条幅，则正是钱学森一生为人为学的生动写照。

江泽民总书记一走进来，立刻亲切地拉住钱学森的手问寒问暖，钱老连声感谢总书记在百忙之中专程来看望自己。落座后，两人热烈地交谈起来。从技术革命谈到生产关系的变革，从我国科技事业的发展谈到科技人才的培养，钱学森坦率地谈着自己的看法。看着这位老科学家精神矍铄，谈笑风生，江总书记的脸上露出了欣慰的笑容。

谈话结束后，钱学森把自己的《系统研究》等四部科学专著赠送给江泽民。江总书记双手接受，表示感谢。

不知不觉中，暮色将至。江总书记起身告辞，钱老坐在轮椅上，执意相送。江总书记拉着钱学森的手，希望他多多保重身体。

第二天，《人民日报》、《光明日报》等几家大报都在头版头条报道了此事，并配发了江泽民总书记与钱学森亲切交谈时的照片。

报道中写道：

"85岁的钱学森是我国杰出的科学家、航天科学的奠基人之一。他在国外留学多年，学有所成后于1955年回国。几十年来，这位航空火箭学家、空气动力学家、应用力学与系统工程学家、两院院士，为了新中国的科技事业和航天事业呕心沥血，做出开创性的贡献。现在，他还担任着中国科协名誉主席、国防科工委科技委高级顾问。"

"江泽民和钱学森就广泛的话题亲切交谈"。

江泽民说，在我国，有许许多多像钱学森同志这样为国家科学技术的发展作出了突出贡献的老科学家，正是他们一代一代地不懈努力，使我国科学技术水平得到了突飞猛进的发展，在一些领域达到了世界先进水平。他说，经济和社会的发展离不开科学技术的进步。正因如此，我们在制定跨世纪的发展规划时，明确提出了科教兴国战略。他说，建设有中国特色的社会主义和实现现代化，需要更多的科技工作者，发扬前辈的优良传统和作风，借鉴吸收世界各国先进的科学成果，在前辈的基础上取得新的成绩，为实现跨世纪的宏伟蓝图作出自己贡献。1996年，钱学森在钱学森图书馆揭幕典礼上的书面发言中，深有感触地说："从一定意义上讲，没有图书馆和资料馆，就没有今天的钱学森。"而钱学森图书馆成为在钱老逝世前，中国唯一一个以健在的科学家名字命名的大学图书馆。

2005年10月，中共中央宣传部决定在钱学森生活和学习的母校上海交通大学徐汇校区建立钱学森图书馆。钱学森图书馆将成为全国爱国主义教育示范基地。图书馆的功能定位是：国内外钱学森文献实物最完整、最系统、最全面的收藏保管中心；钱学森科学成就、治学精神、高尚品德和爱国情怀的宣传展示中心；钱学森科学思想和科学精神的研究交流中心。2010年6月6日中共中央委员、上海市委书记俞正声等领导出席了钱学森图书馆的奠基仪式。

2009年2月10日，在钱学森诞辰98周年到来之际，北京师大附中钱学森纪念馆正式开馆，温家宝总理为纪念馆题写馆名。教育部袁贵仁部长、钱学森之子钱永刚教授共同为钱学森纪念馆馆名石揭幕。钱学森纪念馆的筹建，得到了教育部、北京师范大学、北京市教委、宣武区党政领导和教委的高度重视和大力支持，得到了兄弟单位的支援和钱永刚先生的鼎力相助。

2011年12月8日，纪念钱学森同志100周年诞辰座谈会在北京人民大会堂举行。中共中央政治局常委、全国政协主席贾庆林出席座谈会并讲话，中共中央政治局常委、国务院副总理李克强出席。贾庆林强调，纪念钱学森同志

100周年诞辰，就是要深切缅怀他为我国科学事业和国防现代化建设建立的卓越功勋，追思和学习他为国家富强和民族振兴不懈奋斗的崇高品德和革命精神，进一步激励海内外中华儿女同心同德、开拓进取，为推进中国特色社会主义伟大事业、实现中华民族伟大复兴而共同奋斗。

2011年12月11日钱学森100周年诞辰之际，位于上海交通大学徐汇校区的钱学森图书馆正式建成对外开放。钱学森图书馆占地面积9300平方米，陈展面积约3000平方米，馆藏文献、资料、实物等共计84000余件，是国内外钱学森文献实物最完整、最系统、最全面的收藏保管中心。

2011年11月7日，西安交通大学召开"钱学森教育思想论坛暨钱学森系列图书首发式"大会。本次首发式共发布钱学森系列图书5种，分别为《钱学森力学手稿1》、《钱学森年谱（初编）》、《学习钱学森第六次产业革命思想论文集》、《钱学森宋平论沙草产业》、《钱学森论第六次产业革命专题摘编》。

世界五千年科技故事丛书